KB215989

선교적 교수,
터무니없는 생각인가?

선교적 교수, 터무니없는 생각인가?

초판 1쇄 인쇄 2023년 4월 25일
초판 1쇄 발행 2023년 4월 30일

지은이 폴 굴드 외
옮긴이 홍병룡
펴낸이 유동휘
펴낸곳 SFC출판부
등록 제104-95-65000
주소 (06593) 서울특별시 서초구 고무래로 10-5 2층 SFC출판부
Tel (02)596-8493
Fax 0505-300-5437
홈페이지 www.sfcbooks.com
이메일 sfcbooks@sfcbooks.com
기획·편집 편집부
디자인편집 최건호
ISBN 979-11-87942-81-8 (03230)
값 12,000원

잘못 만들어진 책은 언제든지 교환해 드립니다.

선교적 교수,
터무니없는 생각인가?

폴 굴드(Paul M. Gould) 외 다수 지음

홍병룡 옮김

SFC

선교적 교수가 되고……

어려운 가정에 친구

생(Sang)과 루이스(Louis)에게 드립니다.

목차

The Outrageous Idea of the
Missional Professor

추천의 글

굴드의 책은 지난 50년간 서구권에서 논의된 신앙과 학문의 통합, 기독교 세계관과 지성의 중요성을 강조하는 전통을 충실하게 잇고 있다. 그러면서도 그리스도인 교수의 성품 형성과 대학공동체 및 비기독 그룹과의 긴밀한 소통을 강조할 뿐 아니라 선교 개념을 '하나님의 선교'를 통해 확장시켜 그리스도인 교수의 교수 사역의 영역과 의미를 온 세계에 적용하는 점에서 한걸음 더 나아간 시도로 보인다. 교수가 된 지 오래된 분과 젊은 교수들뿐만 아니라 대학에서 일하기를 꿈꾸는 그리스도인이면 어느 대학에 있든, 어떤 전공을 하던 소그룹으로 함께 모여, 함께 읽고 토론하기에 적합한 책이다. 신우회 차원의 그리스도인 교수 모임을 넘어서서 대학으로, 온 세상으로 파송 받은 선교사 공동체로서의 그리스도인 교수 모임 형성에 좋은 기여를 할 수 있는 책이라 생각하고 읽기를 마음으로 권한다.

_강영안(한동대학교 석좌교수)

오늘날 대학은 미래의 지도자들을 키우고 문화적 지성의 역할을 감당하고 연구를 통해 세상의 문제를 해결하고 현대인의 삶에 심대한 영향을 미친다. 한 마디로 대학은 한 나라의 현재를 보여주고 미래의 모습을 가늠케 해준다. 아우슈비츠의

가스실은 궁극적으로 베를린에 있는 어떤 관청에서 준비된 것이 아니라 허무주의 과학자들과 철학자들의 책상과 강의실에서 준비된 것이었다는 빅터 프랭클의 말과 같이, 교수는 젊은이의 마음과 지성에 심대한 영향을 끼친다. 그런 점에서 대학은 참으로 중요한 선교지라 할 수 있다. 저자는 그리스도에게 헌신한 교수는 선교적 교수로서의 삶을 사는 것이 마땅하다고 하며, 교육과 연구와 섬김, 그리고 관계 등의 모든 영역이 복음의 빛 아래 통합된 온전한 사람으로 성장하고, 주님의 목적을 위해 살고 사랑하는 사람으로서 세상에 참된 소망을 주는 자들이라고 한다. 이 책은 선교적 교수의 삶의 모습을 총체적으로 보여준다. 선교적 교수는 홀로 따로 존재할 수 없고, 그리스도인 교수 공동체에서 서로 격려하며 주님의 부르심을 따라 함께 성장할 수 있다. 그리스도인 교수들이 이 책을 함께 공부하며 선교적 교수로 성장하고, 그럼으로써 캠퍼스에 선교적 교수 운동이 일어나 대학을 새롭게 하며 이 땅을 회복하는 일이 일어나기를 바란다. 각 대학의 그리스도인 교수 모임에서 선교적 교수 운동의 지침서로 강력하게 추천한다.

_홍종인(서울대학교 화학부 교수)

이 책은 대학교에 있는 그리스도인 교수들을 격려하면서 분발을 촉구한다. 그러면서 동시에 다음 세대의 그리스도인들에게 대학교라는 우리 시대의 가장 어려운 선교지로 교수들을 파송할 것을 기도하는 비전을 제시한다. 오늘날 우리 시대의 문화를 창출하면서도 비기독교적 세계관이 지배하는 가장 중요한 이 선교지에서 선교적 삶을 사는 그리스도인 교수의 필요성을 호소하기 때문이다. 지성과 마음을 다해 학문을 변혁하며 그리스도의 사랑을 실천하는 선교적 교수의 모습이 무엇인지 알고자 하는 사람은 이 책을 피할 수 없다. 비단 그리스도인 교수뿐 아니라 학부생과 대학원생, 대학 관계자들, 나아가 대학교를 준비하는 청소년들과 그 부모들도 꼭 읽어보길 추천한다. 그럼으로써 지금은 교수나 학생이나 모두 자신의 꿈을 위해서만 분주할 뿐, 정작 신앙적으로는 조용해져 버린 대학교가 캠퍼스 선교와 기독교 세계관으로 다시 활기가 넘치는 꿈을 꾸게 되기를 바란다. 더불어 이 책에 등장하는 수많은 기독 지성인들의 말대로 현대 사회와 문화 안에서 기독교적 학문을 하고 기독교 신앙을 변증하는 교수와 학자가 많이 나오기를 기도한다. "깨어나라, 내 친구들이여."

_**성영은**(서울대학교 화학생물공학부 교수)

　기독교 세계관에 기반하여 신앙과 학문의 연결을 위해 진지하게 노력해온 학자들에게는 이 책의 주장이 그렇게 새롭지는 않을 것이다. 그러나 이 책은 오늘날 캠퍼스에서 '선교적 교수'로 살아가려고 할 때 느끼는 외로움을 달래줄 뿐만 아니라, 신앙과 학문의 지성적 통합을 넘어 모든 것에서의 인격적 통합까지 요청한다는 점과 선교적 교수 운동이 세상을 변화시킬 잠재력을 가진 전 세계의 대학들에서 새로운 물결로 번지기를 소망한다는 점에서 새롭게 다가왔다. 그리스도인 교수가 온전히 통합된 삶을 통해 세계의 샬롬을 지향한다면, 지적인 성급함을 내려놓고 추가적으로 신학적이고 철학적인 학습과 훈련이 필요하며 이런 지성의 노력을 넘어 불편함을 기꺼이 감수하는 섬김의 구체적인 실천이 요청된다는 점도 잊지 않는다. 이 책은 자연세계와 사회세계의 숨겨진 실재를 드러내고자 하는 열정으로 학문공동체의 훌륭한 멤버가 되고, 자신의 학문 분야에서 중립성은 신화라는 것을 밝혀내면서 지배적인 지도원리를 비판하려고 시도하며, 세상을 바꿀 사회적 리더를 양성하는 일에 매진하려는 그리스도인 교수들에게 영감을 줄 것이다. 나아가 자신이 몸담고 있는 캠퍼스에 건강한 기독교 생태계를 조성하여 대학에서 모든 것에서 주님께 온전히 순종하기를 원하는 그리스도인 교수들은 동료들과 좋은 공동체를 형성하여 이 과업에 관해 진지한 대화를 시작해 보고 싶은 열망을 갖게 될 것이다.

_**배종석**(고려대학교 경영대학 교수)

　그리스도인은 '세상으로 보냄을 받은 자'다. 예수 그리스도로 생각과 인격을 통합해 세상에서 하나님의 사랑과 공의를 비추는 거울 같은 존재다. 그러나 오늘날 많은 한국교회에서 신앙생활은 교회 생활로 축소되고 있다. 성속(聖俗)을 암묵적으로 구분한 채 대학은 속(俗)에 속하기 때문에, 교수로서 어떻게 살고 무엇을 어떻게 연구하고 가르칠지는 신앙의 영역이 아니라고 믿게 한다. 이 기만적인 거짓 믿음이 한국교회를 벼랑으로 몰고 있다. 이런 즈음에 『선교적 교수, 터무니없는 생각인가?』의 출간은 참으로 기쁜 소식이다. 동시에 25년 이상 교수의 삶을 살아온 나 자신을 부끄럽게 하는 책이기도 하다. 신앙은 생각과 인격을 총체적으로 바꾸는 힘이며, 학문을 관통하는 통찰력의 원천이다. 캠퍼스에서 예수님의 동역자로, 그리스도인 교수로 '온전함'을 바라는 이들에게 이 책은 강한 도전과 깊은 영감을 줄 것이다.

_김병연(서울대학교 경제학부 교수)

미국판 서문

    이 책은 거의 20년에 걸친 캠퍼스 사역, 특히 대학교수들을 대상으로 한 후반 10년의 사역이 낳은 열매다. 대학교는 세상에서 문화를 형성하는 대표적인 기관 중 하나인 만큼 매우 전략적인 선교지라고 확신한다. 하나님은 해마다 공부하러 오는 학생들은 물론이거니와 여러 관념들과 학계에 몸담고 있는 사람들에 대해서도 관심이 있다고 나는 믿는다. 나는 이제 캠퍼스 사역자에서 교수로 변신하긴 했지만, 여전히 캠퍼스의 자원이 그리스도의 깃발 아래 온 세상에 영향을 미치는 모습을 보고 싶은 마음은 간절하다. 이런 이유로 나는 이 책을 쓴다. 하나님이 이 책을 이용하시어 대학교 내에서 새로운 교수 운동이 일어나도록 격려하고 도전하고 영감을 주시기를, 그리고 교수들이 그들의 존재와 모든 활동을 영광스러운 복음의 부요함과 열정적으로 연결시키게 되기를 바라고 기도한다.

2014년 8월 15일
텍사스 주 포트 워스에서
폴 굴드

국제판 서문

나(키스)는 2016년에 『선교적 교수, 터무니없는 생각인가?』를 처음 읽었다. 그런데 마지막 페이지를 넘기기도 전에 두 가지 생각이 뚜렷이 떠올랐다. 먼저 폴은 이 책을 미국에서 일하는 미국 교수들을 위해 썼지만, 국제적인 청중에게도 필요하다는 생각이었다. 그래서 이를 국제화할 계획을 고안했다. 2016년 7월, 먼저 폴을 접촉해서 세계 곳곳의 학자들을 팀으로 만들어 이 책을 국제화하는 일에 관심이 있는지 물었다. 우리는 몇 주 뒤에 스카이프로 교신하면서 내가 그 생각을 폴에게 제안하고 폴이 도움을 주기로 동의한 결과 그 프로젝트가 공식적으로 시작되었다. 그런데 넘어야 할 중요한 장애물이 있었다. 바로 출판사였다. 왜냐하면 우리가 출판사에 국제판을 전 세계 학자들에게 값없이 제공하자고 요청했기 때문이다. 그것은 참으로 높은 장애물이었다. 아니, 출판사도 어쨌든 살아남으려면 이윤을 창출해야 하지 않겠는가? 그래서 출판사가 그 프로젝트를 단번에 거절해도 우리는 충분히 이해할 수 있었다. 그런데 그들은 거절하지 않았다! 2016년 8월 11일, 폴이 출판사(Wipf & Stock)를 접촉해서 이 책의 국제화에 대한 허락을 요청했다. 이후 여러 주에 걸쳐 멋지고 신나는 대화를 나눈

끝에 출판사가 은혜롭게 세계복음주의연맹에 국제적인 청중을 위한 국제판을 출판할 권리를 주었다. 우리는 출판사의 소유주이자 편집장인 짐 테드릭에게 은혜롭고 희생적인 그의 지원에 대해 심심한 감사를 드린다.

폴과 출판사와 더불어 나(키스)는 세계 곳곳의 학자들을 찾아 팀으로 만드는 일에 주의를 돌렸다. 그 팀은 마음과 지성으로 예수님을 사랑하고, 대학교의 영향력을 이해하며, 선교적 교수로서 대학교를 섬기라는 이 터무니없는 생각을 고취시키는 사람들로 구성될 예정이었다. 그 명단은 다음과 같다. 리 마 박사(중국), 오마르 몬테로 박사과정 학생(콜롬비아, 아르헨티나), 그랜빌 필라 박사(헝가리, 영국, 호주), 오삼 에딤 템플 박사(나이지리아), 그리고 비-랜 왕 박사(말레이시아, 중국, 미국)이다. 이 학자들은 인세를 받지 않는 만큼 이 프로젝트는 진정한 의미에서 사랑의 수고이다. 전 세계의 그리스도인 학자들이 그들의 희생에 힘입어 상당한 유익을 얻게 되길 기도하는 바이다.

우리(폴, 리, 오마르, 그랜빌, 오삼, 비-랜, 그리고 키스)는 오랫동안 전 세계 그리스도인 교수들이 '교수로서' 선교적으로 섬길 필요성에 대해 생각해왔다. 그리고 세계의 거의 전역에서 출현하는 그리스도인 교수들의 유기적 운동에 대해 알고 격려받고 배우기도 했다. 우리는 이 책이 이런 교수들과 이 운동을 섬기게 되길 바라면서도 이것이 선교적 교수가 된다는 터무니없는 생각에 대한 최종 결론은 아니라는 것을 알고 있다. 사실 우리가 겨냥하는 청중은 너무 폭넓어서 이 책은 어쩔 수 없이 문화적으로, 개념적으로, 선교적으로, 그리고 다른 여러 면에서 약점을 가지고 있다. 특정한 장소에서 나온 책이 전 세계 모든 곳에 있는 모든 교수의 필요를 충족시킬 만큼 국제화되는 것은 불가능하다. 그러므로 인도, 멕시코, 태국, 뉴질랜드, 니제르, 라트비아, 그리고 그 밖의 모든 나라에 몸담은 그리스도인 학자들이 선교적 교수가 된다는 터무니없는 생각에 관해 (집합적으로나 독립적으로) 그들 나름의 글을 써서 이 책 위에 올려놓기를 기도한다. 그렇게 하면 그 나라에 속한 교수들은 물론 서양과 동양과 그 중간의 모든 지역의 교수들도 그로부터 유익을 얻게 될 것이다.

2019년 1월 28일

폴 굴드, 리 마, 오마르 몬테로

그랜빌 필라, 오삼 에딤 템플

비-랜 왕, 키스 캠벨

미국판에 대한 감사의 글

내가 어린 그리스도인이었던 대학 시절에 나에게 사랑과 제자훈련을 베풀며 나보다 더 큰 것을 위해 살도록 도전했던 신앙의 본보기들이 없었다면 이 책은 결코 태어나지 못했을 것이다. 릭 존스, 마크 브라운, 마이크 에레, 로저 허슬리, 그리고 스탠 윌리스에게 감사를 표한다. 아울러 내가 캠퍼스 사역자가 되어 제자훈련을 시켰던 학생들인 앤드류 채핀, 바론 루차우어, 그랙 톰슨, 데이비드 클래디 등에게도 감사한다. 나는 CRU(예전의 CCC)의 캠퍼스 사역자로서, 특히 CRU의 교수 사역을 위해 십년 간 섬길 수 있었던 것을 고맙게 생각한다.

*Cultural Encounters*가 7장에 내 에세이 "(어떤) 관념들의 결과: 제임스 데이비슨 헌터의 *To Change the World*에 대한 비평 에세이"의 일부를 포함시킬 수 있게 허락해줘서 감사하고 싶다. 그리고 *Christian Higher Education*이 내가 쓴 글 "학문분야, 신실함, 그리고 그리스도인 학자에 관한 에세이"의 개정판을 8장으로 싣도록 허락해준 것도 감사한다.

일부 내용을 읽고 유익한 피드백을 제공해준 리치 맥기, 빌 헤이거, 데이비드 드허프, 실 윌슨, 스티브 포그, 코리 밀러, 그리고 브래드 풀턴에게도 감사를 전하고 싶다. 원고 전체를 읽고 편집하며 많은 문법적 오류와 인쇄의 오류를 바로 잡아준 릭 웨이드에게 특별한 감사를 표한다. 끝으로, 사랑하는 아내 에셀과 자녀들(오스틴, 마델레인, 트래비스, 조슈아)에게 감사한다. 우리 가족이 선교적 가족이 되고 또 당신의 자녀들도 장차 주님이 부르시는 상황에서 선교적 삶을 살게 되기를 바라면서 이 글을 쓴다.

국제판에 대한 감사의 글

폴이 쓴 "미국판에 대한 감사의 글"과 더불어, 우리(리, 오마르, 그랜빌, 오삼, 비-랜, 그리고 키스)도 짐 테드릭과 출판사(Wipf & Stock)에 감사를 표하는 바이다. 그들이 친절하게도 기독학자협회와 토머스 존슨 교수와 세계복음주의연맹을 위해 이 국제판을 출판할 권리를 우리에게 주었기 때문이다. 그리고 최종 원고를 편집하고 참고문헌을 정리하는 일에 도움을 준 (남동 침례교 신학교) 박사과정 학생 제프 포스터에게 심심한 감사를 드린다.

그리스도인 학자 만들기 시리즈

『선교적 교수, 터무니없는 생각인가?』는 그리스도인 학자 만들기 시리즈 (CSFS[Christian Scholars Formation Series]; 편집인은 키스 캠벨)의 첫 번째 책이다. 이 시리즈는 통합 철학과 영적 형성의 교차점에 초점을 두고 있다. 통합은 기독교 신앙이 학자의 특정한 소명(예, 가르침, 연구, 글쓰기, 그리고 행정업무)의 모든 측면과 어떤 연관성이 있는지에 관심을 둔다. 영적 형성은 신자가 성령의 능력으로 계속 변화되어 하나님의 영광과 세상을 위해 점점 더 신실한 예수 그리스도의 제자가 되는 것이다. 많은 그리스도인 학자는 영적 형성에만 초점을 맞춘 나머지 통합에 대해 철저히 이해하는 경우가 드물다. 이처럼 영적 형성을 통합에서 떼어놓는 경향이 있기 때문에, CSFS는 국제적인 학제간의 학자들로 구성된 팀이 쓴 경건하고 선교적이며 실제적인 저술을 통해 이 두 분야를 합류시키고자 한다. CSFS의 목적은 학자들이 그리스도를 위해 학문기관의 모든 부문과 대화하고 또 거기에 참여할 때 자기 분야에 대해 통전적으로 생각하고 행동하도록 돕는 것이다.

머리말: 터무니없는 생각

1997년에 조지 마스덴이 중요한 책을 썼다. 그 책은 본인의 신앙과 학문을 통합하려는 시도가 어떻게 오늘날의 지리적 경계를 뛰어넘어 북미의 세속 대학교에서(그리고 일부 그리스도인 학자들에 의해) 터무니없는 생각으로 보이는지에 대해 다룬다.[1] 그러니까 종교적인 학자의 개인적(사적)이고 주관적인 신념을 학문 세계의 공적(누구나 접근 가능한)이고 객관적인 진리 또는 지식과 융합하는 것은 우습고 부적절하며 부조리하기까지 하다는 것이다. 하지만 마스덴은 세속적인 학계 내에 독특한 기독교적 견해가 차지할 자리가 있다고 전문가답게 주장했다. 나도 동의한다. 오늘날 일부 문화(예. 북미와 사하라 사막 이남의 아프리카)에서는 기독교적 학문이란 개념이 마스덴의 책이 출판된 당시만큼 터무니없진 않아도 여전히 많은 상황(예. 중국)에서는 터무니없는 것으로 간주되고 있다.

오늘날 모든 상황에서 정말로 터무니없는 것은 바로 **선교적** 교수(missional professor)라는 개념이다. 나는 '선교적'이란 용어를 그리스도인 교수의 독특한 자

---

1. Marsden, *The Outrageous Idea of Christian Scholarship*.

세나 정체성을 묘사하는 데 사용할 것이다. 선교적 교수란 자신의 일과 삶을 성스러운 것과 세속적인 것으로 이분화하지 않고(이 정서에 관해서는 이 책에서 줄곧 설명하겠다) 하나님의 이야기와 하나님의 선교(*missio dei*)의 일부로서 의식적으로 수행하는 사람을 일컫는다. 그리고 '교수'란 단어는 다른 모든 교수 요원들(예. 부교수, 조교수, 강사 등)과 호환적으로 사용할 것이다. 하지만 대다수의 나라에서는 이런 용어들이 상당히 다른 의미와 함의를 갖고 있다는 것을 알고 있다.

크리스토퍼 라이트가 말하듯이, "하나님은 친히 한 사명을 갖고 계신다. …… 그리고 그 신적 사명의 일환으로, 하나님은 그 사명의 성취에 그분과 함께하게 될 한 백성을 창조하셨다. 우리의 모든 사명은 선재하는 하나님의 사명으로부터 흘러나온다."[2] 성경의 하나님은 잃어버린 자를 찾아 구원하고 모든 창조 세계를 구속하고 회복하는 사명을 가지신 분이다. 아버지 하나님은 사랑의 동기로 아들 예수님을 죄에 대한 속죄의 희생 제물로 세상에 보내셨다(요일4:9~10). 예수님은 **보냄을 받으신** 분이다. 예수님을 따르는 사람들도 마찬가지다. "아버지께서 나를 보내신 것 같이 나도 너희를 보내노라"(요20:21). 그리스도인인 우리는 죄로 인해 샬롬이 깨어진 세상에서 다른 이들에게 예수님을 유일한 소망으로 선포하는 그리스도의 증인이 되도록 부르심을 받았다(행1:8).

이 책의 핵심이면서도 터무니없는 생각은 '선교적 교수'라는 어구에 집약되어 있는데, 그것은 하나님이 그리스도인 교수를 **교수로** 사용하시되 다른 이들(동료, 행정가, 학생 등)에게 복음을 전하고, 학계를 변혁시키는 역할을 담당하고, 세상의 필요를 충족시키기 위해 사용하길 원하신다는 것이다. 나는 앞으로 이 생각을 구체적으로 설명하겠지만, 먼저 교수로서 그리스도를 **신실하게** 따르는 사람이 된다는 개념에 대해 한 마디 하고자 한다.

---

2. Wright, *The Mission of God's People*, 24.

오늘날 그리스도인 교수가 하나님께 신실하다는 것은 어떤 모습일까? 교회에 정기적으로 참석하는 것? 십일조를 드리는 것? 늘 성경을 읽고 기도하는 것? 이 모든 활동이 좋은 것이고 또 교수의 신실한 신앙생활의 일부가 되어야 마땅하지만, 그렇다고 정곡을 찌르는 것은 아니다. 이 때문에 **신실한** 교수의 개념은 **선교적** 교수의 개념만큼 터무니없게 들리지는 않는 것이다. 이 두 개념은 종종 다르게 보이곤 한다. 그러나 사실은 동일하다. 대다수 그리스도인 교수들은 그들의 일터에서 그리스도께 신실한 사람이 되길 간절히 원한다. 그러나 이해력과 비전이 없기 때문에, 그리고 일부 지역에서는 기독교를 억압하는 외적인 제약 때문에, 많은 그리스도인 교수들이 그들의 일과 삶을 성경이 말하는 하나님의 큰 이야기의 맥락 내에 두는 법을 발견하지 못해왔다. 그리고 학문세계 내에서 선교적 삶을 살고 있는 그런 그리스도인 교수들에게는 틀림없이 "더욱 더 그렇게 하라"(살전4:10, 새번역)라는 격려와 새로운 도전이 필요했을 것이다.

그런데 문제는 그리스도인 학자의 내면에만 있는 것이 아니다. 스탠리 피시의 말을 생각해보라. 그는 『당신만의 시간에 세상을 구원하라(Save the World on Your Own Time)』에서 선교적 교수의 개념은 우습고 부적절하다고 주장한다.

> 대학교의 존재 이유(지식의 전달과 분석 기술의 부여)를 늘 기억하고 그 영역에서 일어나는 일의 중요성을 부풀리고픈 유혹에 저항하라. …… 물론 누구나 학문세계에 적절한 목적보다 다른 목적을 선호할 자유는 있으나, 아무도 학계의 기구와 자원을 그런 다른 목적을 위해 사용할 자유는 없다. 만일 당신이 정말로 행하고 싶은 일이 전도, 정치 집회의 조직, 세계 평화의 증진, 가난한 노숙자를 섬기는 일, 또는 곤경에 빠진 청소년을 상담하는 일이라면, 당신은 일과 이후의 시간과 주말에 그런 활동에 종사하거나, 혹시 파트타임으

로 충분치 않다면, 학계에서 사임해야 한다.[3]

피시의 견해에 따르면, 세속 대학교에 몸담은 교수의 유일하게 정당한 역할은 어떤 도덕적, 종교적, 또는 정치적 가치관이나 이데올로기도 없이 오직 가르치고 연구하는 일일 뿐이다. 하지만 교수가 신성한 학문의 전당에 들어갈 때 자신의 가치관과 신념을 뒤에 남겨놓는다는 생각은 한갓 환상일 뿐이다! **가치중립적인** 학문이란 것은 아예 존재하지 않는다. 모든 사람은 하나같이, 좋든 싫든, 일단의 전제들, 가치들, 그리고 종교적(또는 반종교적) 신념을 갖고 학문세계에 접근하고, 이런 것들은 가르침, 연구, 행정, 그리고 정책결정의 과정에 적용된다. 하지만 이 책에서 나는 피시와 같은 세상 사람들을 설득하려고 애쓰지 않을 것이다. 그 대신 나의 청중은 세속 학문기관에 몸담고 있는 그리스도인 교수들이다. 이차적인 청중은 기독교 대학교와 대학에서 일하는 그리스도인 교수들인데, 이들은 더 넓은 학문분야는 물론 세속 기관에서 일하는 신자 및 불신자 동료들과 상호작용하는 사람들이다.

세속 대학교에서 선교적 교수가 되려면 큰 **용기**가 필요하다. 왜냐하면 학문 공동체에서는 교육적 목표, 규범, 행습, 근본적인 가정, 그리고 생활방식과 관련해 순응하라는 압력이 크기 때문이다. 대학교에서 스스로 '사명'을 의식하려면 담대함이 상당히 필요하다. 어떤 곳에서 스스로를 그리스도인 학자로 밝히려면 담대함이 필요할 뿐 아니라, 모든 곳에서 차별성(한 눈은 성경적 진리를 향하고 다른 눈은 잃어버린 세상을 향한 채 학문 활동에 관여하는 것)을 지니려면 담대해야 한다는 말이다. 이런 담대함은 모든 남자와 여자(창조세계를 돌보는 사람들)가 구속(救贖)을 받으려면 온전한 복음이 반드시 필요하다는 확신에서 생겨날 것이다.

---

3. Fish, *Save the World on Your Own Time*, 79, 81.

더구나 세속 학문기관에 선교적 교수가 존재하는 것은 **깜짝 놀랄 만한 일이**다. 선교적 교수는 사람들을 스스로에게 끌어오고 그 자신을 통해 그리스도께로 인도한다. 선교적 교수의 삶의 하위텍스트는 "내가 얼마나 위대한지 보라"라고 하거나 "내 경력이 얼마나 인상적인지 보라"라는 것이 아니다. 그 대신 "그리스도가 얼마나 위대한지 보라"라는 것이다. 세속 학문기관에서 그런 삶을 산다면 그것은 참으로 놀랍고도 상쾌한 일이다. 선교적 교수가 세속 대학교에 한 명만 있어도 사람들은 깜짝 놀라고, 고개를 돌려 쳐다보고, 마음이 깨어나고, 양심의 가책을 받고, 삶이 도전받게 된다.

　그러나 세계의 많은 곳에서는 그런 교수가 **특이하고** 드물거나 위험하기까지 한데, 그 이유는 잠시 후에 설명하겠다. 만일 내가 옳다면, 선교적 교수가 여기저기 흩어져 소수만 존재한다면, 세속 대학교 내에서의 기독교적 목소리와 증언이 약할 수밖에 없고 학문적 문화와 일반 문화에서 진정한 변화는 일어나지 않을 것이다. 그런 그리스도인 교수는 비정상으로 치부되어 대체로 무시될 수 있다. 물론 작은 논쟁에서는 우리가 이길 것이다. 리처드 도킨스와 스티븐 호킹의 최근 주장에 반박하는 입장과 글이 기존 신자들을 만족시킬 수도 있다. 그로 인해 어쩌면 소수의 회심자가 생길지도 모른다. 그러나 제도적인 변화, 즉 성경적 세계관을 하나의 타당한 대안으로 보고 학계에서 기독교의 목소리가 명료하게 들리는 그런 변화는 일어나지 않고, 기독교적 증언과 영향력은 묵살되고 말 것이다. 선교적 교수라는 개념은 물론 그 개념의 구현조차 참으로 터무니없는 것이 되고 말 것이다.

　나는 선교적 교수의 개념이 더 이상 터무니없지 않은 그런 날을 갈망한다. 만일 선교적 교수가 흔하게 된다면 세속 대학교의 모습은 어떻게 될까? 전 세계와 학문분야 전역에 걸친 선교적 교수 운동이 비정상인 것으로 치부되는 대신 참으로 혁명적인 것이 될 것이다. 나는 모든 곳과 모든 분야에 속한 그리스도인 교수들에게 제발 그 혁명에 합류하라는 초대장이자 도전장으로 이 책을 쓰고 있다.

1. 그리스도인이자 교수로 존재하는 것으로 충분하지 않은가?

사도 바울이 21세기에 대한민국을 방문한다고 상상해보라. 더 나아가, 바울이 교회로부터 한국의 교수세계 내 기독교의 위상을 조사하라는 사명을 받았다고 상상해보라. 그는 무엇을 발견하게 될까? 아마 다음과 같은 편지를 쓸 것 같다.

> 바울은 '보냄을 받은 자'(예수 그리스도와 아버지 하나님께서 보내신)로 한국에 있는 진리의 기둥과 터인 교회(딤전3:15)에 편지를 쓴다.
>
> 한국 학계의 정신은 나의 시대와 같이 생생하게 살아있다. 대학교가 축적한 지식의 분량은 참으로 놀랍다. 우리는 얼마나 엄청난 하나님을 섬기고 있는지 모른다. 빅뱅의 하나님 말이다! 아우구스티누스의 하나님 말이다! 공자의 하나님 말이다! 마하트마 간디의 하나님 말이다! 드론과 로봇과 우주선의 하나님 말이다! 복음이 뿌리를 내린 곳은 어디서나 배움이 뒤따랐다. 오랜 세월에 걸쳐 위대한 발견의 다수는 하나님이 질서정연한 세계를 창조하셨다는 신념의 지도를 받은 그리스도인 학자들이 이룬 것이다. 그리스도인들이 현재 그 땅의 많은 대규모 학문기관에서 가르치고 지도하고 섬기는 중이다. 하나님을 찬송하리로다! 아니나 다를까, 내가 아테네에서 발견했듯이(행17:16) 대학교와 거기서 일하는 사람들의 마음속에 있는 우상을 발견했다. 그 우상들은 아테네에서만큼 분명히 눈에 띄진 않아도(어쨌든 돌에 새겨지지는 않았으니) 여전히 존재하고 있다. 나는 이제 내가 발견한 것을 요약할까 한다(나의 진부한 양식을 양해하길 바란다. 나는 이천년 동안 글쓰기를 멈춘 나머지 아직도 새로운

표현을 배우는 중이다).

한국의 세속 대학교들에는 그리스도인 교수들이 있다. 그들은 학부생과 대학원생들을 가르치고, 높은 수준의 연구를 실행하며, 정책결정위원회에서 섬기는 중이다. 게다가 그리스도인 교수들은 종교학과와 신학과에 국한되지 않고 모든 학문분야에 종사하고 있다. 이론분야에서 응용분야까지, 자연과학에서 인문학까지 어디에나 포진되어 있다. 교육이 실행되는 곳이면 어디든 그리스도인들과 기독교가 현존하고 있다. 내가 아레오바고에서 "우리가 그를 힘입어 살며 기동하며 존재하느니라"(행17:28)라고 진술했던 그 연설을 기억할 때 이런 현상은 내 마음에 큰 기쁨을 안겨준다. 당시에 나는 하나님이 인생의 근본 질문들에 대한 해답이시라는 논지를 펴기 위해 한 그리스 시인을 인용했다. 그래서 기독교와 그리스도인들이 모든 학문분야에 자리 잡고 있는 것이 이해되는 이유는 모든 지식이 우리의 위대하신 하나님을 가리키고 있기 때문이다.

세속 대학교에 몸담은 많은 그리스도인 교수들이 스스로를 그리스도인으로 의식하고 있다는 사실을 알게 되었다. 그들은 하나님께 영광을 돌리고 싶어 한다. 그들은 충실하게 교회에 참석하고 가족이 그리스도를 알게 되도록 그들을 양육한다. 그들은 교회 성가대와 주일학교에서 섬기고 교회의 소그룹에 참여한다. 일터에서는 그들의 협회들(guilds)에서 존경받고 유능한 현역이 되길 원하고 종종 그렇기도 한다. 그들은 잘 가르치고 학생들을 위해 기꺼이 시간을 할애한다(또는 적어도 근무시간을 충실하게 지킨다). 그들은 그들의 신앙과 그 학문분야의 상관관계를 끌어내는 글이나 책을 읽고 때로는 집필도 한다. 그들은 우수한 멤버로서 학회에 참여하고 다수는 기독교 학회에도 참여한다. 그들은 도덕적 신념과 실천에서 그리스도를 닮은 훌륭한 남자와 여자들임이 분명하다. 다수의 그리스도인 교수들이 신념을 가지고 세속 학문세계에 존재하고 있음을 생각할 때, 우리는 기뻐할 것이 많다.

그런데 "진리의 기둥과 터"(딤전3:15)인 교회가 왜 그리스도인 교수들을 사역자로 파송하지 않는가? 대학교는 엄청나게 중요한 선교지다. 교수들은 관념들(ideas)을 논의하고 증진시키는데, 이런 관념들이 종종 기독교에 적대적이다(관념의 중요성에 관해서는 내가 쓴 고린도후서 10장을 보라). 수많은 학생들과 동료 교수들이 해마다 대학교에서 공부하고 일한다. 그 가운데 다수는 길을 잃어서 구원자를 필요로 한다. 대학교에서는 세계의 많은 필요를 채우는 데 이용될 수 있는 테크놀로지를 개발하고 있다. 그리스도인 교수는 그리스도를 위한 증인이 되도록 사회의 가장 중요한 기관 중 하나에 전략적으로 배치되어 있다. 그러나 슬프게도 '속된' 것과 '성스러운' 것 사이에 큰 분립이 있는 듯하다. 나의 시대에는 낯설었던 그런 분립이다. 그 결과 전부는 아니라도 많은 그리스도인 교수들이 그들의 직업(또는 그 직업의 큰 부분)을 그들의 기독교 신앙에서 떼어놓았고, 더 이상 그들의 삶을 **복음의 진보**라는 견지에서 평가하지 않는다. 그리고 교회가 그리스도인 교수들의 **교수로서의 소명**을 인정하고 그 고유한 가치를 존중하지 않는다면, 이러한 분열을 지지하는 셈이 된다. 그래서 내 마음이 무척 아프다.

그리스도인 교수들이 예수님의 마음, 즉 고생하며 허덕이는 군중을 보시고 그들을 불쌍히 여기시어 추수하시는 주인에게 추수 밭에서 일할 일꾼을 보내 주시라고 기도하셨던(마9:36~38) 그분의 마음을 품게 되길 바란다. 나는 이 보고서를 내가 로마교회에 보낸 마지막 글귀로 마무리하는 바이다. "나의 복음과 예수 그리스도를 전파함은 영세 전부터 감추어졌다가 이제는 나타내신 바 되었으며 영원하신 하나님의 명을 따라 선지자들의 글로 말미암아 모든 민족이 믿어 순종하게 하시려고 알게 하신 바 그 신비의 계시를 따라 된 것이니 이 복음으로 너희를 능히 견고하게 하실 지혜로우신 하나님께 예수 그리스도로 말미암아 영광이 세세무궁하도록 있을지어다 아멘"(롬 16:25~27).

이 상상의 연습으로부터 우리는 무엇을 배울 수 있을까? 만일 이 상상의 편지가 발견한 사실들이 (한국과 다른 나라들의) 세속 학문기관에 몸담은 그리스도인 교수들(과 대학원생들)의 현실과 비슷하다면, 우리에게는 기뻐할 것도 많고 고려해야 할 도전거리도 있다고 생각한다. 우리 앞에 놓인 주된 도전은 일과 놀이, 교회와 가정, 머리와 가슴과 손이 다함께 복음의 깃발 아래 하나님과 인류를 섬기는 온전히 통합된 삶을 사는 것이다. 요컨대, 그리스도인 교수는 선교적 교수가 되어야 마땅하다.

나는 우리가 이 영역에서 부족하다고 주장하는데, 이를 정당화하기 위해 세 개의 이유를 제공하는 바이다.[4] 첫째, **많은 21세기 그리스도인들**은 세계를 독특한 기독교적 관점에서 거의 보지 못한다. 그 대신 우리가 세속 대학교에서 교육받아 형성된 자연스런 사고 패턴은 현대 문화를 지배하는 세계관의 영향을 받은 것이다. 곧 전통적인 세계관, 과학적인 세계관, 포스터모더니즘 세계관 또는 물질주의적 세계관 등이다. 그런즉 우리는 우리 자신에게 끊임없이 성경적 세계관을 상기시킬 필요가 있다. 그것은 제2의 천성이 아니다.

둘째, **인간의 마음은 반역적이고 기만적이다.** 개인적인 경험에서 볼 때, 인간의 마음은 자아로 향하는 성향이 있는 듯하다. 좋은 의도라도 시간이 흐르면, 그리고 우리가 조심하지 않으면, 이기적인 의제를 증진하는 길로 접어든다. 그리스도를 위해 신실하게 살고 싶은 소원도 시간이 흐르면, 그리고 우리가 조심하지 않으면, 점점 약해지므로 계속 새롭게 할 필요가 있다. 그렇지 않으면 그 소원은 자기 확대 또는 자아성취 등의 소원으로 대체될 것이다.

끝으로, **그리스도인 교수들은 그들의 특정한 연구 분야에선 전문가라 할지**

---

4. 첫째 이유 및 셋째 이유와 관련해 유익한 코멘트를 해준 니콜라스 월터스토프에게 감사한다. Wolterstorff, *Reason within the Bounds of Religion*, 107~8.

라도 종종 신학적이고 철학적인 사안과 관련해서는 추가 교육이 필요하다. 선교적 교수는 그런 사안들에 대해 유능해야 하고 심지어 정통할 필요도 있다. 그렇지 않을 경우에는 자기 신앙과 학문적 작업을 통합하려는 시도가 엉성하게 되고, 자기 인생의 여러 조각을 하나님의 큰 이야기에 끼어 맞출 수 있는 능력이 생기지 않는다.

이 시대에 그리스도께 신실한 사람이 되려면, 학계 안과 밖 모두에서 분별력, 겸손, 의향, 그리고 신자 공동체가 필요하다. 무엇보다 우리가 하나님의 목적을 추구하는 삶을 살아야 한다. 이 과업은 대다수 그리스도인에게 어려운 일이고, 자기홍보와 개인적 업적을 부추기는 학문세계에 몸담고 있는 학자들에게는 더더욱 어렵다. 그리스도인 학자인 우리가 다함께 하나님을 영화롭게 하고 사람을 사랑하기 위해 살려고 애쓰기를 간절히 바란다. 그러면 혁명적인 결과가 생길 것이다.

2. 영적 혁명

토마스 쿤은 『과학혁명의 구조(The Structure of Scientific Revolutions)』[5]에서 패러다임을 바꾸는 과학혁명의 에피소드들에 의해 구분되는, 비교적 일반적이고 규칙적인 과학 활동의 시대라는 측면에서 과학의 역사를 기술한다. 과학적 패러다임은 더 이상 그 틀 아래에서는 비정상으로 보이는 새로운 발견을 수용할 수 없을 때 '퇴출된다.' 예컨대, 프톨레마이오스의 우주 패러다임은 태양 중심 패러다

---

5. Kuhn, *The Structure of Scientific Revolution*.

임에 의해 퇴출되었고, 플로지스톤(phlogiston)[6] 이론은 산소의 발견으로 폐기되었고, 열량 이론은 운동 이론으로 대체되었다. 이 외에도 많은데, 그 결과 연쇄반응이 일어난다. 곧 우리의 세계관이 변하고, 우리가 일하는 방식도 바뀌고, 세계 자체도 변한다. 어떤 이들은 쿤의 직선적인 사상사(史)관과 의견을 달리할지 몰라도, 우리 세계관의 변화가 우리 행동의 심대한 변화를 낳고, 이는 극적으로 세계에 영향을 준다는 사실은 변함이 없다.

오늘날 그 범위가 세계적이고 그 능력이 사회와 개인의 삶을 모두 변화시킬 수 있는 혁명이 현재 진행 중이라고 나는 믿는다. 그것은 예수님에 대한 믿음이 가져오는 인간 마음의 혁명이다. 인간의 마음은 자아와 우상숭배를 향하는 경향이 있다. 그리고 이런 인간 상태에 대한 유일한 치료책은 그리스도다. 우리의 세계는 폭력과 불의와 다툼이 끊임없는 세계다. 그리고 이 세계의 유일한 희망은 바로 구속하고 회복시키는 구원자다. 예수님은 그분을 따르는 사람들을 그분과 함께 변화의 일꾼이 되도록 부르셨다. 모든 학문분야와 세계의 모든 세속 대학과 대학교에서 선교적 교수 운동이 일어난다고 상상해보라.

그런 사태는, 쿤의 용어를 빌리자면, 신념의 '위기'를 유발할 것이다. 자연주의, 유신론, 과학적 유물론, 범신론, 다신론, 심령주의, 해체주의, 포스트모더니즘 등 그동안 세계의 학문세계와 문화를 지배해왔던 이야기들과 관련해 그런 위기를 초래할 것이다. 종교적 믿음에 대한 진화론적 설명은 특히 실재의 모든 측면에 대한 유신론적 설명을 회피하기 위한 시도임이 드러날 것이다. 포스트모더니즘(가장 극단적인 경우)은 하나님이 없으면 무의미한 세계에서 의미를 찾으려는 절박한 시도로 밝혀질 것이다. 세계의 많은 문화에서는 범신론적, 다신론적, 또는 정령숭배적인 가치관에 호소하는데, 이 역시 똑같이 좌절감을 맛볼 것이

---

6. 연소(燃素), 열소, 플로지스톤: 산소 발견 전까지 가연물의 주성분 요소로 생각되었던 가상의 원소-편집 주.

다. 그런 곳의 사람들은 분노하는 많은 신들을 달래거나 무의미한 우주에서 살아가는 어려움에 직면할 것이기 때문이다. 우주의 참된 의미는 인격적이고 영원하며 사랑이 많은 아버지이신 창조주 하나님의 주권을 인정할 때만 찾을 수 있다.

선교적 교수 운동이 일어나면 불신자 교수들과 학생들(그리고 일반 사회)은 그리스도의 복음에 비추어 그들 자신의 신념과 마음을 검토하게 될 것이다. 영국의 학자 C. S. 루이스는 하나님이 어떻게 그의 삶에 들어오셨는지에 대해 다음과 같은 이야기를 들려준다.

나는 잉글리쉬 스쿨에 들어가자마자 조지 고든의 토론 수업에 갔다. 거기서 새로운 친구를 사귀었다. 그의 입에서 나온 첫 마디가 그곳에 있던 열두어 명과는 다른 차별성을 보여줬다. 내 마음에 쏙 드는 남학생이었다. ······ 그의 이름은 네빌 콕힐이었다. 나는 곧 그 학생(그 수업에서 분명히 가장 똑똑하고 지식이 많은 남자)이 그리스도인이자 철저한 초자연주의자라는 사실을 알고 충격을 받았다. ······ 바필드는 나의 연대기적 우월의식(chronological snobbery)을 전복시키기 시작했다. 콕힐은 또 다른 타격을 날렸다. ······
콕힐이 지닌 이런 껄끄러운 요인들이 당시에 이전의 나의 관점 전반을 위협하던 더 넓은 껄끄러움과 한편이 되었다. 모든 책이 내게 등을 돌리기 시작했다. ······ 조지 맥도날드는 내게 다른 어느 작가보다 더 많은 영향을 주었다. 물론 그가 기독교에 (매료되어) 있었다는 것은 애석한 일이었다. ······ 체스터턴은 다른 모든 현대 작가를 다 합쳐놓은 것보다 더 지혜로웠다. 물론 그의 기독교만 제외하고 말이다. 존슨은 내가 전적으로 신뢰할 수 있다고 느낀 소수의 작가들 중 하나였다. 신기하게도 그 역시 똑같은 결함이 있었다. ······ 반면, 종교에 시달리지 않은 작가들, 이론적으로 내가 완전히 공감해야 마땅했던 작가들(쇼, 웰즈, 밀, 기본, 볼테르)은 모두 약간 얄팍한 듯이 보였다. …… 그들은 깊이가 없는 것처럼 보였다. 그들은 너무 단순했다. 인생의 우여곡절과 진한 농도가 그들의 작품들에서는 우러나오지 않았다.[7]

루이스는 이어서 그가 어느 방향으로 돌든지 어떻게 하나님이 그를 추적하고, 아니 사냥하고 있었는지를 묘사한다. 가장 매혹적인 책들은 그리스도인들 또는 무신론에 신세지지 않은 작가들의 작품이었다. 루이스가 만난 그리스도인들은 배우지 못한 이들이 아니었다. 오히려 옥스퍼드와 케임브리지 같은 저명한 학문기관의 동료 학생들과 교수들이었다.

마침내 루이스의 자연주의적 무신론에 비춰보면 비정상적인 것들이 너무 많아서 그는 신념의 위기에 봉착하지 않을 수 없었다.

사방에 있던 나의 조각들이 가장 불리한 입장에 처해 있었다. 곧 나는 더 이상 나에게 주도권이 있다는 환상조차 간직할 수 없었다. 나의 대적이 최후의 움직임을 실행하기 시작했다.[8]

끝으로, 1929년 막달렌 대학(Magdalen College)에 있던 고요한 그의 방에서 루이스는 무릎을 꿇고 그의 의지를 하나님께 양도했다.

루이스의 신념이 위기에 봉착한 것이 그가 어느 방향으로 돌든지 신실한 그리스도인들과 기독교 세계관의 심오함에 직면했을(그래서 헷갈렸을) 때라는 것은 무척 교훈적이다. 그리스도인들에게는 루이스의 안정감에 의문을 던지게 한 깊이와 안정감이 있었다. 기독교에는 그의 무신론의 얄팍함을 드러내는 그런 진실성이 담겨 있었다. 루이스의 인생은 영원히 변화되었고, 그 때문에 세상도 달

---

7. Lewis, *Surprised by Joy*, 212~14.
8. 같은 책, 216.

라졌다.

대학교는 우리 세계에서 가장 중요하고 영향력 있는 기관들 중 하나다. 교수인 당신은 세계의 차세대 기업인, 교육자, 연예인, 작가들의 삶과 사상을 빚어내는 중요한 역할을 담당한다. 그리고 하나님은 당신을 그리스도를 위한 증인으로 부르셨다. 즉, 당신의 전문지식과 성경적 렌즈를 세상의 필요를 채우는 데 사용하고, 학생들과 행정가들과 동료들을 그리스도께 인도하고, 다른 이들로 하여금 사람과 사회를 변화시킬 유일한 혁명에 참여케 하도록 당신을 부르신 것이다. 이 혁명이란 예수 그리스도께서 일으키신 것으로, 그 결과 역사와 물리적 환경, 그리고 현재의 사회문제를 보는 관점과 관련해 패러다임 전환을 가져오는 인간 마음의 혁명을 말한다. 여러분 중 일부는 이미 선교적 교수의 삶을 살고 있어서 "더욱더 그렇게 하라"(살전4:10)라는 격려만이 필요할 뿐이다. 반면 다수는 선교적 삶을 영위하지 않고 있어서 그런 삶과 역할 모델을 바라보는 눈이 필요하다. 그리고 우리는 누구나 그리스도를 신실하게 따르고자 할 때 하나님의 은혜와 자비가 필요하다. 당신은 하나님과, 예수님이 일으키시는 영적 혁명에 몸담은 다른 이들에게 합류하겠는가? 이제부터는 그런 삶이 어떤 모습인지에 대해 생각해보자.

토론을 위한 질문

1. 굴드는 세속 대학교에서 선교적 교수라는 개념은 터무니없는(outrageous)—깜짝 놀 랄 만하고 특이한—것이라고 한다. 이에 당신은 동의하는가, 동의하지 않는가? 왜 그러한가?

2. 다음과 같은 이 책의 가장 터무니없는 생각에 대해 토론하라. 곧 하나님이 그리스도 인 교수를 **교수로** 사용하시되 다른 이들(동료, 행정가, 학생 등)에게 복음을 전하고, 학 계를 변혁시키는 역할을 담당하고, 세상의 필요를 충족시키기 위해 사용하길 원하 신다는 것이다. 이 생각의 어떤 측면이 당신에게 큰 도전을 주는가? 그리고 어느 측 면이 당신을 가장 흥분시키는가?

3. 여기에 인용된 스탠리 피시의 글에 대해 생각해보라. 당신은 동의하는가, 동의하지 않는가? 왜 그러한가?

4. 굴드는 선교적 교수가 되려면 큰 용기가 필요하다고 한다. 왜 그러한가? 그는 또한 대학교에서 선교적 교수를 만나는 일이 드물다고 한다. 당신은 이에 동의하는가, 동의하지 않는가? 당신에게 큰 격려가 된 선교적 교수가 있었다면 누구였는지 말 해보라.

5. 사도 바울의 가상 편지에 대해 토론해보라. 이 편지가 오늘날의 그리스도인 교수, 대학교, 교회와 관련해 진실에 가깝다고 생각하는가? 그렇다면 왜 그러한가?

6. 굴드는 오늘날 그리스도인 교수가 직면하는 주된 도전은 온전히 통합된 삶을 사는 것이라고 주장한다. 당신은 그리스도인 교수로서 그런 삶을 살려고 씨름하고 있는 가? 어떻게 하고 있는가? 그것이 당신에게 도움이 되었던 것은 무엇인가?

7. 예수님의 혁명은 다른 혁명들과 어떻게 다른가?

8. 당신은 어떻게 그리스도를 믿게 되었는지 이야기해보라. 그 여정에서 그리스도인 들의 역할은 무엇이었는가? 그 여정에서 그리스도인 학자의 역할은 무엇이었는가?

The Outrageous Idea of the
Missional Professor

선교적 교수,
터무니없는 생각인가?

1장

당신의 이야기를
하나님의 이야기 안에 두라

이반 일리치는 언젠가 사회를 바꾸는 가장 혁명적인 방식이 무엇인지 묻는
질문을 받았다. 폭력적인 혁명인가, 아니면 점진적인 개혁인가? 그는 신중
하게 답변했다. 어느 것도 아니다. 당신이 사회를 바꾸고 싶다면 대안적인
이야기를 들려줘야 한다.[1]

당신은 우리가 왜 그토록 이야기에 끌리는지 궁금해 한 적이 있는가? 아이들
만이 아니라 젊은이와 늙은이가 똑같이 말이다? 한 가지 이유는 이야기가 참여
를 권유한다는 것이다. 우리는 드라마를 위해 창조되었다. 하나님이 우리를 드
라마틱한(의미심장하고 이야기가 있는) 인생을 살도록 만드셨다고 나는 믿는다. 이 때
문에 우리가 이야기에 끌리는 것이다. 이야기는 우리를 우리 자신에게서 벗어
나서 더 큰 우주로 들어가게 한다. 우리의 상상력을 확장시키고 우리 내면의 위
대함을 향한 욕구를 일깨운다.

---

1. Costell, *Streets of Hope: finding God in St. Kilda*, 145에서 재인용.

우리가 이야기에 끌리는 또 하나의 이유는 이야기가 사람들에 관한 것을 드러낸다는 것이다. 이야기는 우리가 서로를 알아가도록 돕는다. 이야기는 이야기꾼에 관한 그 무엇을 드러낸다. 예컨대, 두 사람이 첫 데이트를 할 때 그들은 일련의 사실들(또는 경력)을 끌어내어 서로 나누기 시작하지 않는다. 그보다 그들은 서로를 알기 위해 이야기를 들려준다. 이야기는 다른 어떤 것도 할 수 없는 방식으로 우리에게 그리고 우리에 관해 많은 것을 알려준다.[2]

이야기는 무척 중요하다. 성경은 역사상 가장 위대한 이야기다. 사실 성경은 **그 이야기**, 곧 우리 세계에 관한 유일한 참 이야기다. 그리고 좋은 이야기가 늘 그렇듯이, 성경은 우리에게 참여하도록 권유하고 또 필요한 것을 드러낸다. 성경은 우리의 인생을 성경의 전반적인 이야기 속에 두고 거기서 의미와 목적을 찾으라고 권유한다. 그리고 성경은 사랑과 능력과 선함이 풍성하신 하나님과 그런 하나님으로 채색된 세계를 계시한다.

성경 이야기의 제1막은 하나님과 그분의 창조행위로 시작한다. 그분은 서식지를 창조하신 후 그 서식지에 그분의 형상으로 창조된 존재(사람)를 포함해 크고 작은 피조물이 서식하도록 하신다. 제2막은 사람의 타락이다. 사람은 하나님으로부터 동떨어진 삶을 살려고 애쓴 결과 큰 재앙을 초래한다. 제3막과 4막에서는 하나님이 모든 창조세계를 구속하고 회복하시려는 구출작전에 대해 들려준다. 이는 하나님의 위대한 이야기다. 곧 창조, 타락, 구속, 그리고 회복의 이야기다.

그러나 성경 이야기가 당신의 헌신을 위해 경쟁하고 당신의 참여를 권유하는 유일한 이야기는 아니다. 세계의 일부 지역들, 특히 아메리카 원주민이 많이

---

2. 이야기의 중요성에 관한 이 두 가지 사항을 알려준 내 친구 마이크 에레에게 감사한다. Mike Erre, *Why the Bible Matters*를 보라.

거주하는 카리브 해 섬나라들과 아프리카 전역에서는 정령신앙(animism, 살아 있는 모든 피조물, 모든 물체, 그리고 모든 장소가 별개의 영혼을 갖고 있다는 종교적 믿음)이 지배적인 이야기다. 부두(voodoo)[3]는 아이티에서 설득력 있는 이야기다. 이 외에도 마르크스주의, 과학적 유물론, 그리고 중국의 유교, 북아프리카와 중동의 이슬람교, 그리고 순환론(삶과 죽음의 끝없는 이야기), 결정론적 범신론, 많은 동양 문화에서 볼 수 있는 '행운'(좋은 결과가 있을 때)과 '숙명'(나쁜 결과가 있을 때)의 개념 등을 예로 들 수 있다.

특히 세계 곳곳의 학문적 문화를 지배하는 두 가지 이야기는 앨빈 플랜팅가가 **영구적 자연주의**(perennial naturalism)와 **창조적 반실재론**(creative anti-realism)이라 부르는 것이다.[4] 영구적 자연주의는 과학적 세계관의 거대한 이야기다. 이 이야기에 따르면, 비(非)자연적인 실재는 없고, 삶의 근본 문제는 무지다. 그리고 흔히 자연 정복으로 이해되는 '구원'에 이르는 길은 진보이며, 진보는 테크놀로지와 과학에 의해 가능하게 된다. 모든 실재는 과학을 통해 이해될 수 있고, 언젠가 하나로 통합될 것이며(최근 주장에 따르면, M-theory), 우리의 인생(비록 결정되어 있을지라도)은 어떻게든 목적이 없는 차가운 우주에서 의미 있는 것이 될 필요가 있다. 창조적 비실재론은 바로 (가장 극단적 형태의) 포스트모더니즘의 이야기다. 이 이야기에 따르면, 인류의 근본 문제는 억압이고, '구원'은 자기표현에서 찾을 수 있다. 모든 실재를 설명하고 통합하는 하나의 지배적인 이야기는 없고, 그 대신 다양한 개인들이나 그룹들에게 의미를 부여하는 작은 '이야기들' 또는 '내러티브'만이 있을 뿐이다.[5]

---

3. 아이티 등 서인도 제도에서 널리 믿는 민간신앙의 하나로서, 프랑스 식민지 시대부터 내려온 로마 가톨릭의 제의적 요소에 아프리카의 주술적 요소가 혼합된 형태가 특징이다 – 편집 주.
4. Plantinga, "Whe Faith and Reason Clash," 16.
5. 오피츠와 멜러비는 *The Outrageous Idea of Academic Faithfulness*, 61-62에서 영구적 자연주의와 창조적 반실재론의 줄거리를 각각 세 개의 주된 막(물질-무지-진보[matter-ignorance-progress], 문화-억압-표현[culture-oppression-expression])의 견지에서 요약한다.

각 이야기는 우리의 헌신을 위해 경쟁한다. 각 이야기는 참여를 권유한다. 각 이야기는 그 범위 안에 우리의 삶을 두고 의미를 찾도록 권유한다. 따라서 우리가 신중하지 않으면, 성경 이야기에 헌신한다고 고백하면서도 다른 이야기에 참여하게 되기가 쉽다. 예컨대, 어느 성숙한 아이티 그리스도인에게 어떤 마을의 그리스도인 비율이 몇 퍼센트인지 물었더니, "이 마을은 그리스도인이 75퍼센트지만, 부두교인이 100퍼센트입니다!"라고 응답했다고 한다.[6] 우리가 선교적 교수가 되려면 먼저 우리의 학생들과 동료들에게 동기를 부여하는 지배적인 '이야기들'을 이해하려고 노력해야 한다. 이번 장에서는 성경 이야기를 깊이 탐구하고 이 위대한 하나님의 이야기에 비추어 그리스도인 학자들과 기독교적 학문에 대한 함의를 끌어내려고 한다.

1. 창조: 거기에 계시며 행동하시는 하나님

성경 이야기의 첫 장면이 창조임을 기억하라. 성경의 드라마는 이어지는 모든 내용을 빚어내는 네 마디로 시작한다. "태초에 하나님이 천지를 창조하시니라"(창1:1). 하나님이 행하시는 첫째 일은 **장소**를 창조하시는 것이다. '하늘과 땅'의 창조. 그러나 하나님은 거기서 그치지 않으신다. 다음으로 자연을 창조하시고, 그 무엇보다도 사람들을 창조하신다. "하나님이 자기 형상 곧 하나님의 형상대로 사람을 창조하시되 남자와 여자를 창조하시고"(창1:27).[7] 그리고 끝으로 하나님은 사람들에게 목적을 부여하신다. "하나님이 그들에게 복을 주시며

---

6. 키스 캠벨이 들려준 이야기.
7. 좀 더 부연하면, 사람은 여섯 째 날에 창조되었는데, 그것은 땅(즉, 그 '장소')이 인간의 삶을 위해 적합한 장소가 되도록 식물과 동물의 거처가 된 이후였다.

하나님이 그들에게 이르시되 생육하고 번성하여 땅에 충만하라, 땅을 정복하라, 바다의 물고기와 하늘의 새와 땅에 움직이는 모든 생물을 다스리라 하시니라"(창1:28). 하나님은 그분의 작품을 보시면서 좋다고 선언하셨다. "하나님이 지으신 그 모든 것을 보시니 보시기에 심히 좋았더라"(창1:31).

성경 이야기의 첫 장면에서 우리는 하나님과 사람들에 관해 알게 된다. 당시의 몇몇 다른 창조 이야기들이 가르치듯이, 많은 신들이 있지 않고 오로지 한 하나님만이 계신다. 하나님은 창조세계 이전에 계시고 그 세계와 별도로 계시며(즉, 하나님은 초월적인 존재시다), 그분 자신과 구별되는 모든 실재의 창조주시다. 사실 '하늘과 땅'이란 어구는 하나님과 구별되는 모든 실재를 포함한다. 오직 하나님만 창조주시고 다른 모든 것은 피조물이다. 그런즉 하나님은 주권적인 분이시다. 모든 것이 하나님께 의존해 있고 하나님은 어떤 것에도 의존하지 않으신다. 오직 하나님만 스스로 존재하는(즉, 자존하는) 분이시다. 다른 모든 것은 타자로부터 존재한다. 게다가 우리가 성경에서 배우는 것은 이 창조주 하나님이 세계에 부재하는 존재가 아니시라는 사실이다. 오히려 그분의 현존이 우주를 가득 채운다. 우리는 하나님으로 채색된 우주(즉, 하나님은 내재적인 존재시다)에 살고 있다. 바울이 사도행전에서 선포하듯이, "우리는 하나님 안에서 살고, 움직이고, 존재하고 있다"(17:28, 새번역). 끝으로, 하나님은 질서정연하고 합목적적인(변덕스럽지 않고 무질서하지 않은) 존재시다. 창세기에 나오는 창조 기사에 계속 반복되는 시적인 운율을 들어보라. "하나님이 이르시되" …… "~이 있었고" …… "하나님이 보시기에 좋았더라." 하나님은 질서정연한 세계, 즉 약속과 잠재성, 목적, 설계로 가득 찬 세계를 창조하셨다. 아우구스티누스는 갓 태어난 아기를 생각하며 이렇게 외쳤다. "그대는 모든 사물에 독특한 형태를 주시고 그대의 법으로 모든 것에 질서를 부여하십니다."[8]

우리가 창세기 1장에 나오는 창조 기사를 읽으면 여섯 째 날인 26절에 이르기까지 이 율동적인 운율에 정착하게 된다. 그런데 거기서 율동적인 운율이 깨어진다. "하나님이 이르시되 우리의 형상을 따라 우리의 모양대로 우리가 사람을 만들고"(1:26). 무언가 새로운 일, 독특한 일이 일어난다. 식물과 동물은 '각기 종류대로' 만들어졌는데, 인간은 하나님이 그분의 종류대로(그분의 형상 또는 모양에 따라) 만드셨다. 우리는 하나님과 비슷하고, 이 땅에서 우리는 하나님을 대표한다. C. S. 루이스가 언젠가 말했듯이, "**평범한** 사람들은 없다."[9] 우리는 하나님의 형상으로 창조되었기 때문에 각 사람은 위대한 존엄성을 갖는다. 각 인간은 문자 그대로 너무나 귀중해서 금전적 가치로 도무지 그 값을 매길 수 없다.

더구나 하나님은 (창세기 1장 28절에서 볼 수 있듯이) 이중적인 목적을 위해 사람들을 창조하셨다. 즉 첫째, 주어진 것을 보호하기 위해, 그리고 둘째, 생육하고 번성하게 하기 위해서다. 이 이중적 목적은 사람들이 하나님의 형상으로 창조되었다는 사실에 비춰볼 때만 그 의미가 통한다. 우리는 왜 주어진 것을 보호해야 할까? 그 대답은 하나님의 형상을 지닌 자들로서 땅에 대한 우리의 다스림은 우리에 대한 하나님의 다스림을 반영해야 하기 때문이다. 창조 이야기에서 우리의 몫은 땅과 그 속에 있는 모든 것(땅의 사람들, 땅의 문화들, 땅의 환경, 그리고 땅의 동물들 등)을 돌보는 일이다. 우리는 창조질서의 청지기가 되도록 하나님의 부르심을 받았는데, 창조질서에 대한 하나님의 돌보심과 기쁨을 구현하는 방식으로 그 직분을 수행해야 한다. 우리는 왜 생육하고 번성해야 할까? 하나님은 우리가 수를 늘릴 목적으로 토끼처럼 번식하길 원하실까? 아니다. 왜냐하면 우리만이 그

---

8. Augustine, *Confessions*, 10.
9. Lewis, *The Weight of Glory*, 46.

분의 형상을 지닌 존재이기 때문이다. 오직 우리만이 하나님의 **영광**을 반영하고, 하나님은 **그분의 영광**이 증식되길 원하신다. 우리가 하나님이 주신 이 목적을 이루고 그분의 영광을 반영할 때, 온 땅에 하나님의 형상이 널리 퍼지고 따라서 그분의 영광도 더욱 널리 퍼지게 된다. 미국의 목사이자 신학자인 존 파이퍼가 말하듯이, "예배가 존재하지 않기 때문에 선교사역이 존재하는 것이다."[10] 하나님이 우리에게 주신 목적의 일부는 창조세계 전체에 예배자들의 손길이 미치게 해서 모든 사람이 하나님께 영광을 돌리게 하는 것이다.

최초의 인간들이 결함이 있는 상태로 창조된 것이 아님을 이해할 필요가 있다. 오히려 최초의 인간들은 본래 하나님의 의도대로 삶을 경험했다. 에덴동산은 문자 그대로 기쁨의 동산이었다. 하나님이 의도하시는 이 온전한 상태를 가리키는 성경적 단어가 **샬롬**(shalom)이다. 그래서 코넬리우스 플랜팅가는 이렇게 말한다.

> 샬롬은 **보편적인 번성, 온전한 상태, 그리고 기쁨**을 의미한다. 즉 자연적인 필요가 채워지고, 자연적인 은사가 풍성하게 활용되는 풍부한 상태, 창조주와 구원자가 문을 열고 그가 기뻐하는 피조물들을 환영함에 따라 기쁨에 찬 경이감을 불러일으키는 상태이다. 달리 말해, 샬롬은 **사물이 마땅히 존재해야 할 방식**이다(굵은 글씨는 추가한 것).[11]

우리는 번성하도록 창조되었다. 하나님은 우리가 올바른 역할을 담당하기를 원하신다. 그리고 창조 기사는 인간이 번성하는 모습(샬롬), 곧 하나님이 주신 목적을 위해 살아가면서 하나님과 친밀하고, 자신과 타인들 그리고 창조질서와

---

10. Piper, *Let the Nations Be Glad!*, 11.
11. Plantinga, *Not the Way It's Supposed to Be*, 10.

조화를 이루는 모습을 묘사한다.[12]

하나님은 거기에 계시며 행동하는 분이시다. 이 창조 기사는 세상의 다른 지배적인 이야기들에 비해 놀랍도록 전복적인 이야기다. 자연주의는 하나님은 없고 사람은 맹목적인 진화적 힘의 산물이라고 일러준다. 포스트모더니즘 또는 창조적 반실재론은 이미 주어진 세계는 없고 사물의 바람직한 존재방식도 없다고 한다. 만일 후자가 있다고 해도 우리는 알 수가 없다. 과학적 유물론에 따르면, 사람은 경제적 역사의 불가피한 힘에 휩쓸려가는 존재다. 숙명론적 종교들은 우리에게 이생이든 내세든 어떠한 통제력도 없다고 말한다. 영구적 자연주의는 '진보'야말로 인생 문제의 해답이라고 선언한다. 이런 견해들은 하나님이 없는 세계를 제시한다.

그러면 창조 이야기는 그리스도인 학자에게 어떤 함의를 지니는가? 첫째, 하나님이 모든 것을 창조하셨기 때문에, (알려진 것들을 포함해) 모든 것은 신성을 가리키고 또 조명한다. 그리고 하나님의 지식은 본래 선하기 때문에, 실제로 가장 고상하고 가장 위대한 선(善)이기 때문에, 지식 또한 본래 선하고 가치가 있다. 그래서 1873년에 존 헨리 뉴맨은 이렇게 쓰고 있다.

> 하나님은 "스스로를 [창조세계]에 깊이 관여시키시고, 그 속에서의 그분의 현존, 그것에 대한 그분의 섭리, 그것에 부과한 그분의 인상, 그리고 그것을 통한 그분의 영향으로 그 세계를 그분의 가슴에 품은 나머지 우리는 어느 측면에서든 그분을 생각하지 않고는 그 세계를 제대로 또는 온전히 생각할 수 없다."[13]

---

12. 고대 중국에서도 이와 비슷하게, 하늘과 자연과 인간이 조화를 이루는 이상적인 모습을 묘사했다. 거기서 '하늘'은 가장 높은 신을 가리킨다.

13. Newman, *The Idea of a University*, 51.

당신은 학자로서 당신의 연구 대상과 하나님 간의 이런 연관성을 열심히 살펴보라. 과학자로서 분자에서, 운동법칙에서, 그리고 벌새의 퍼덕거림의 운율에서 하나님의 손길을 찾아보라. 문학에서는 텍스트를 통해 하나님의 음성을 들어보라. 제인 오스틴의 다아시(Darcy)[14] 씨는 어떻게 하나님의 마음을 반영하는가? 단테의 『인페르노』나 『신곡』은 하나님의 공의에 대해 무엇을 가르치는가? 도교의 '도(道)'를 어떻게 기독교의 일반계시론과 연관시킬 수 있을까? 도스토예프스키의 『카라마조프가의 형제들』은 어떤 식으로 인간의 자유의지에 관한 신학 논쟁을 이해하는 데 도움을 주는가? 물론 그런 연관성이 늘 분명하진 않겠지만 그래도 분명히 존재한다. 가서 그런 연관성을 발견한 후 그것을 당신의 분야에 걸맞은 방식으로 발표해보라.

모든 지식이 신성을 조명할 수 있는 만큼 지식의 추구는 본래 가치가 있는 것이다. 오늘날은 시장이 문화를 주도하고 있어서 대학교는 생산성, 효율성, 그리고 유용성이 아닌 다른 견지에서 그 존재를 정당화하기가 어려운 실정이다.[15] 그런데 만일 이론적 지식의 추구가 오로지 물질적, 경제적, 또는 실제적 유익에만 기반을 둬야 정당화된다면, 대학교의 상당 부분(특히 인문학)은 그 존재를 정당화하기 위해 계속 고심해야 할 것이다. 모든 실재는 질서정연한 상태에 있다는 성경 이야기와 그것의 샬롬 중심적인 견해에 따르면, 심미적, 이론적, 그리고 (이른바) 실제적 지식은 모두 본질적으로 귀중하다. 그런 지식이 신성을 조명하고 인간의 목적을 이루기 때문이다.[16]

---

14. 제인 오스틴의 소설 『오만과 편견』에 등장하는 인물 - 편집 주.
15. 이런 상황은 Donoghue, *The Last Professor*에 문헌적 증거가 잘 제시되어 있다.
16. Wolterstorff, *Reason within the Bounds of Religion*, 126-27에는 이런 질문이 나온다. "[이론적 지식] 자체가 선한 것일 수 있을까? 그 자체가 샬롬의 한 측면, 인간 성취의 한 구성요소일 수 있을까? …… 나는 이 질문에 대해 '아니다'라고 대답하는 것이 불가능하다고 본다. 나에게는 분별력, 이해력, 지식 등이 우리의 창조된 본성의 성취를 구성하는 것이 분명해 보인다. …… 나는 이렇게 말하고 싶다. 우리 자신과

둘째, 하나님이 창조주이시므로 인생은 본래 종교적이고 공동체적이다. 하나님이 우리를 창조하신 것은 우리가 그분께 반응하고, 그분을 사랑하고, 그분을 예배하고, 그분을 기뻐하고, 그분을 즐거워하게 하기 위해서다. 따라서 인생은 본질상 **종교적**이다. 인생은 예외 없이 하나님께 반응하게끔, 즉 그분과 교제하거나 그분께 반역하게끔 되어 있다. 더 나아가 우리는 삼위일체 하나님의 형상을 지닌 자들로서 본래 **공동체적**이다. 이는 특히 서양의 학자들이 자주 간과하는 사실이다. 우리는 하나님 및 타인들과 더불어 공동체 안에서 살도록 창조되었다. 이는 극단적 개인주의보다 집단에 대한 개인의 책임을 강조하는 문화에 몸담은 동양의 그리스도인들이 잘 이해하고 있는 사실이다. 창세기 1장 31절을 기억하라. 하나님은 그분이 만드신 모든 것을 보시고 '매우 좋다'고 말씀하셨다. 그런데 창세기 2장에 이르면 우리가 깜짝 놀랄 만한 말씀을 접하게 된다. "사람이 혼자 사는 것이 좋지 아니하니"(2:18). 이에 대해 잠시 생각해보라. 아담은 에덴동산에 있었다. 또한 그는 우주의 하나님과 죄와 수치가 없는 관계를 맺고 있었다. 하지만 그는 외로웠다. 요점인즉 우리는 서로 필요한 존재라는 것이다. "예수님이 나의 개인적 친구가 되시기 때문에 나는 다른 누구도 필요 없다."라는 것이 아니다. 당신이 학자로서 홀로 성공할 수 있는 능력이 있다고 해서 학계의 안팎에서 고립되는 일이 있어서는 안 된다.[17] 우리가 꽃을 피우려면 공동체가 필요하다. 이는 우리가 그런 존재로 창조되었기 때문이다.

셋째, 우리의 학생들도 하나님의 형상으로 창조되었기 때문에 우리 교수들은 그들을 단지 우리 지식의 저장소로만 보지 말고 '공동-창조자(co-creators)' 또

우리가 몸담은 실재(그 통합시키는 구조와 그 설명의 원리들)에 관한 이론적 이해는 하나님이 우리에게 의도하신 샬롬의 한 구성요소라고 말이다. 지식이 없는 곳에서는 삶이 시들해진다."

17. 도노휴는 학계에서 생존하는 데 필수적인 홀로 성공할 수 있는 능력, 즉 학자의 '학자적 성격'에 관해 얘기한다. *The Last Professor*, 19를 보라.

는 '공동-섭정(co-regents)'으로 봐야 한다. 우리는 하나님이 그들에게 주신 능력들(이해하고, 분석하고, 문제해결에 관여하고, 비판적 사고를 취하고, 창조하는 능력들)을 인정하는 교수법을 사용할 필요가 있다. 이는 복잡할 수 있는데, 왜냐하면 선생들은 그들이 배운 방식으로 가르칠 것이라는 무언의 법칙이 존재하기 때문이다. 아울러 또 다른 이유 때문에도 복잡할 수 있다. 예를 들어, 어떤 사회들에서는 교육당국이 과목의 내용을 지시하기 때문에, 선생은 그 내용을 다 다루기 위해 귀중한 수업 시간을 모두 소모할 수밖에 없다. 그러나 그리스도인 교수는 하나님의 형상을 지니고 있으므로 얼마든지 창의력을 발휘할 수 있다! 우리는 우리 학생들이 번창하고 그들 속에 있는 하나님의 형상을 발휘할 수 있게 하는 교수법을 사용함으로써 생육하고 번성해야 할 우리의 사명을 이행할 수 있다.[18]

마지막 함의는 둘째 것과 관련이 있다. 곧 인간은 본래 종교적이라서 중립성이란 것은 없다는 것이다. 사도행전 17장에 나오는 바울의 아레오바고 연설을 기억하라. 아테네 사람들과의 첫 번째 접촉점은 그들이 매우 종교적이라는 점이었다. 우리가 이 진술을 달리 표현한다면, 대학교에는 중립성이란 것이 없다는 말이 될 것이다. 모든 학문분야는 그 나름의 통제신념, 신앙적 전제, 그리고 공리 등이 있다(이에 관해서는 8장에서 더 다룰 것이다). 우리가 지닌 학자적 직무의 일부는 각 학문분야의 신앙적 신념을 이해하고 노출시켜서 우리가 (필요한 경우에) 성경적 세계관에 기초한 대안적인 실재의 그림을 옹호할 수 있게 되는 것이다.

---

18. 예컨대, 스티븐 왕(Stephen S. Wang)이 수학 과목을 계획할 때 테크놀로지를 사용하는 '이중적인 능동적 배움'을 참고하라. http://www.youtube.com/watch? v=XQztwuqNAKU and http://math.rice.edu/~sw45/Math101FallvsSpring.pdf.

2. 타락: 샬롬의 침해

성경 이야기의 제2막은 인간의 타락이다. 사물은 더 이상 본래 의도된 바람직한 상태가 아니다. 샬롬이 침해되었다. 죄와 고난과 죽음이 세상에 들어왔다. 우리는 무언가가 옳지 않다는 것을 금방 알아챌 수 있다. 우리가 악과 직면할 때, 즉 테러리스트가 번화가에서 자동차 폭탄을 터뜨리는 모습으로, 또는 봉제공장에 화재가 나서 수십 명의 근로자가 죽는 모습으로 나타나는 악과 마주할 때면, 이 세상이 결코 바람직한 모습이 아님을 알게 된다. 날마다 우리는 전쟁, 기근, 질병, 재난, 불의, 노예상태, 대량학살, 강간, 그리고 살인의 소식을 접한다. 어떤 주제를 연구하는 데 보낸 시간이 항상 열매를 맺는 것(예. 발표할 수 있는 글의 형태로)은 아니다. 존경받는 자리나 바라던 연구기금이 주어지지 않는다. 부부관계가 삐걱거린다. 친구관계가 차가워진다. 자녀들이 반항한다. 우리의 마음이 종종 하나님에게서 멀어진다. 이런 것들은 결코 본래 의도된 세상의 바람직한 모습이 아니다. 그러면 대체 무슨 일이 벌어졌는가?

창세기 3장을 펼쳐보면 첫 커플이 '과연 창조된 목적을 이룰 것인가?'라는 의문이 떠오른다. 답변은 단연 '아니다'이다. 하나님은 아담과 하와에게 한 나무의 열매는 먹지 말고, 만일 먹으면 죽음을 초래할 것이라고 말씀하신다. 그 장면에서는 또 하나의 등장인물, 곧 뱀의 형태로 나오는 사탄이 소개된다. 사탄의 전략은 먼저 하나님의 권위를 깎아내리고("너희가 결코 죽지 아니하리라"[창3:4]), 이후 하나님의 선하심을 손상시킴으로써("너희가 그것을 먹는 날에는 너희 눈이 밝아져 하나님과 같이 되어 선악을 알 줄 하나님이 아심이니라"[창3:5]) 아담과 하와를 속이는 것이다. 아담과 하와는 하나님을 따르는 대신 그들 나름의 방식으로 그들의 욕구를 충족시키기로 결정하고, 온전함과 기쁨과 은혜로 채색된 샬롬의 상태에서 '타락하고' 만다. 죄 때문에, 사람들은 더 이상 하나님과의 관계를 즐거워하지 못하고 그분에게서 소외된다. 죄 때문에, 사람들은 더 이상 다른 이들과의 조화를 즐기지 못하고 싸움과 살인을 겪게 된다. 죄 때문에, 사람들은 더 이상 창조질서와의 조화를 향유하지 못하고 언제나 재앙과 위험을 접하게 된다. 아담과 하와의 원죄 때문에, 모든 인류가 손상을 입어서 하나님 및 타인으로부터 소외된 상태로 세상에 태어나게 된다. 죄는 창조세계의 모든 영역을 더럽힌다. 죄는 우리의 내면생활, 우리의 인간관계, 우리의 일과 놀이, 그리고 우리의 안식까지 오염시킨다. 우리는 우리 마음속의 사악함과 불의한 행동으로 인해 더 이상 온전하지 않다.

타락이 그리스도인 학자에게 주는 함의는 적어도 두 가지다. 첫째, 학자가 받은 역할은 타락한 역할이다. 설령 완전히 타락하진 않았더라도 여전히 타락한 것이다.[19] 사업가가 그 전문영역에 들어가서 무비판적으로 사업가의 역할을 수행해서는 안 되듯이, 그리스도인 학자 역시 학계에 들어가서 무비판적으로 학자의 역할을 수행해서는 안 된다. 그래서 니콜라스 월터스토프가 이렇게 말하는 것이다. "하나님을 신실하게 섬기고 인류를 효과적으로 섬기려면, 우리가 우리에게 주어진 역할을 비판하고 그 대본을 바꾸기 위해 할 수 있는 일을 해야한다."[20] 대학교의 어떤 측면도 인간의 타락으로 오염되지 않은 측면은 없다. 학과 내지는 학문분야의 가치들, 규범들, 그리고 문화는 타락한 인간들을 따라서 그들이 구현하는 지배적인 이야기들에 의해 형성된다.

둘째, 사람들은 비난받을 만한 죄를 부인하는 경향이 있어서 인간의 핵심 문제와 해결책을 잘못 진단하곤 한다. 이 세상에는 악이 실재할 뿐 아니라 실재적인 효과도 있다. 즉, 나쁜 일들이 사람들에게 일어난다. 그런데도 거룩하신 하나님을 모욕하는 죄는 거의 인정하지 않는다. 그래서 인간 문제를 해결하는 길을

---

19. Wolterstorff, *Educating for Shalom*, 272.
20. 위와 같음.

회개하고 또 거룩하며 은혜롭고 인격적이신 하나님을 믿는 데서 찾지 않고, 오히려 (자연주의적 이야기에 따르면) 교육과 테크놀로지에서, 또는 (포스트모던 이야기에서는) 개인적인 대의를 말로 표현하는 것에서, (다신론적 이야기에 따르면) 어떤 신들을 달래기 위한 의례에서, 심지어 (동양 범신론에 따르면) 우주와의 초연함(detachment)과 연합에서 찾을 수 있다고 생각한다. 비난받을 만한 죄가 없다면 굳이 구원자가 필요 없다. 하나님과의 관계라는 관점에서 샬롬을 이해하지 못한다면 굳이 용서와 회복을 찾을 필요도 없다. 그리스도인 학자인 우리는 학계를 특징짓는 다툼, 갈등, 다원주의, 그리고 일부 지역의 노골적인 제도적 악이 궁극적으로 인격적 하나님을 대항하는 인간의 타락 때문임을 매력적이고 적절한 방식으로 보여줄 수 있다.

3. 구속: 왕의 도래

창세기 12장부터 요한계시록 20장까지는 사로잡힌 자들을 구속하고 잃어버린 자들을 구원하시기 위해서 구출 작전을 수행하시는 하나님에 관한 이야기다. 하나님은 열방에게 복이 되도록 아브라함을 부르신다(창12:1-3). 하나님의 구속 이야기에 나오는 하위주제들과 개별적 장면들은 출애굽, 이스라엘 국가, 율법의 수여, 군주제, 바벨론 유수와 귀환, 그리고 선지자들을 포함한다. 구약에 나오는 각 사건과 하위주제는 다함께 엮여서 하나님 백성의 삶에 나타나는 하나님의 주권과 은혜의 태피스트리(tapestry)를 만들고, 하나님의 구출 작전의 클라이맥스를 위한 무대를 설정한다. 그 클라이맥스는 그리스도의 도래다. 하나님은 성육신을 통해 친히 인간의 본성을 취하셔서 창조질서로 들어오신다. 이에 대해 잠시 생각해보라. 그것은 마치 어떤 책의 저자가 그 등장인물 중 하나의 본성을 취해서 그 이야기 속으로 들어가는 것과 같다. 예컨대, 루이스가 (말하는 동물로서) 나니아로 가는 것, 톨킨이 (호빗으로서) 중간 땅으로 가는 것, 또는 『모든 것이 산산이 부서지다(Things Fall Apart)』에서 아체베가 (오콩쿠로서) 우무오피아(Umuofia)로 가는 것과 같다는 말이다.

하나님은 사랑에 이끌려서 예수님을 보내신다. "하나님의 사랑이 우리에게 이렇게 나타난 바 되었으니 하나님이 자기의 독생자를 세상에 보내심은……" (요일4:9a). 좋은 소식은 사람들이 그리스도 안에서 죄 사함을 통해 구속받을 수 있고 회복될 수 있다는 것이다. "하나님이 우리를 사랑하사 우리 죄를 속하기 위하여 화목 제물로 그 아들을 보내셨음이라"(요일4:10). 인류는 (그리고 궁극적으로는 모든 창조세계가) 죄의 모든 결과들, 즉 죽음, 소외, 해체, 그리고 정념들의 노예상태 등으로부터 구속받게 되었다. 이런 식으로 사랑이 우리 행성을 침범했다. 이런 식으로 인간의 마음에서 혁명이 시작되었다. 그리고 이것이 바로 하나님이 우리의 참여를 권유하시는 위대한 혁명이다.

더 나아가 예수님의 첫 마디(마4:17-19)부터 최후의 말씀(행1:8)에 이르기까지, 하나님의 나라에 관한 좋은 소식인 복음의 진보가 그분의 마음속 최고 자리에 있었다. 창세기 12장에서 하나님이 아브라함에게 주신 약속, 즉 아브라함과 그의 자손을 통해 땅의 모든 나라가 복을 받을 것이란 약속이 그리스도 안에서 성취된다. 그 메커니즘, 곧 복음을 작동하게 하는 것은 바로 그리스도의 죽음과 부활이다. 바울이 고린도전서 15장 17절에서 말하듯이, "그리스도께서 다시 살아나신 일이 없으면 너희의 믿음도 헛되고 너희가 여전히 죄 가운데 있을 것이다." 예수님은 지상 사역을 완수하신 후 아버지께 돌아가시면서 돕는 분이신 성령님을 보내시어 자신을 따르는 자들에게 좋은 소식을 전할 능력을 주시겠다고 약속하셨다(요14:26; 행1:8). 이렇게 예수님은 자신을 따르는 자들도 '보냄 받은 자들'로 삼아 사명을 주심으로써 현 시대를 열어주신다. "아버지께서 나를 보내신 것 같이 나도 너희를 보내노라"(요20:21). 예수님은 자신이 시작하신 일을 끝내시기 위해 돌아오실 것이다. 그리하여 하나님의 나라가 언젠가 그 완전한 모습을 드러낼 것이다.

오늘날 그리스도인은 그리스도의 초림과 재림의 '중간 시대'에 살고 있다. 이 기간은 때때로 '마지막 때'(말세, 딤후3:1)로 불리기도 하고, 또한 '성령의 시대'와 '교회의 시대'로 불리기도 한다. 더구나 지금은 현 시대와 오는 시대, 이 두 시대의 교차점이다(마12:32에는 둘 다 언급되어 있다). 하나님의 나라는 이미 우리 가운데 있으나 아직 충만하게 완성되지는 않았다. 그러면 자연스럽게 이런 질문이 생긴다. '왜 지연되고 있는가?' '예수님은 왜 초림 때에 그분의 나라를 완전하고 능력 있는 모습으로 시작하지 않으셨는가?' 또는 '예수님은 왜 더 빨리 돌아오셔서 그 나라를 완성하지 않으시는가?' 이에 대해 답변하자면, 하나님이 일부러 예수님의 재림을 연기하신 것은 더 많은 사람이 복음을 듣고 너무 늦기 전에 회개할 기회를 주시기 위해서라고 말할 수 있다. 요컨대, 우리는 **복음 전파**의 시대에 몸담고 있다. 예수님을 따르는 사람들은 그분의 견습생들로서 세계 어느 곳에 살든지 상관없이 그리스도 안에 있는 죄 사함의 좋은 소식을 세상에 전파하고 그 메시지를 삶과 행동으로 실천한다.[21] 우리가 구속받은 것은 그리스도를 위한 증인이 되고, 우리 본성에 비추어 번성하고, 은혜의 스캔들을 받아들이기 위해서다. 그러면 우리 앞에 놓은 질문은 '복음의 증진에 관해 생각하거나 그런 견지에서 우리 인생을 살아내지 않고도 과연 예수님을 신실하게 따르는 자가 될 수 있는가?'이다. 답변은 '아니다'이다. 우리가 그리스도인 학자로서 받은 과업의 일부는 하나님과 함께 영혼을 구속하는 과정에 합류하고, 교회와 더불어

---

21. 성경의 전반적 이야기에 관한 좋은 토론은 Roberts, *God's Big Picture*를 보라. 로버츠에 따르면, 오늘날 신자들은 '선포된 나라(Proclaimed Kingdom)' 안에 살고 있다.

다함께 온 땅을 샬롬과 축복의 길로 안내하는 일이다.

그리스도의 구속이 그리스도인 학자에게 주는 함의는 적어도 두 가지다. 첫째, 예수님의 사명이 곧 우리의 사명이어야 한다. 예수님이 아버지의 보내심을 받았듯이, 우리 역시 그 아들의 보내심을 받았다. 잃어버린 자를 찾아 구원하시고(눅19:10) 또 병자를 치유하시고 억압받는 자에게 공의를 가져오시는(눅4:17-21) 예수님의 사명이 곧 우리의 사명이어야 한다. 예수님이 하늘로 올라가시기 전에 그와 같이 명령하셨다(마28:19). 철학자 그렉 간슬(Greg Ganssle)이 말하듯이, "기독교적 **신념**(beliefs)을 우리의 연구와 통합하는 것으로 충분치 않다. 우리는 하나님이 그분의 구속적인 기독교 **선교**의 견지에서 우리에게 행하라고 말씀하시는 모든 것을 학자와 선생으로서 우리가 행하는 모든 일과 통합해야 한다."[22] 요컨대, 우리는 선교적 삶을 살아야 한다는 것이다. 그리스도가 부인되는 곳이나 샬롬이 침해되는 곳이면 어디서나 하나님의 백성은 선교의 부름을 받는다. 그런즉 선교적 삶은 그저 교회와 함께 '선교 여행'을 가는 문제가 아니다(그것이 아무리 중요할지라도). 교수들에게는 대학교라는 곳이 가장 중요한 선교지다. 그곳은 사람들이 구속받을 필요가 있고, 복음의 진보를 증진하거나 방해하는 관념들이 가르쳐지는 장소이기 때문이다.

둘째, 우리는 우리가 잃어버린 자들만큼 복음이 필요한 사람들이란 사실을 결코 잊으면 안 된다. 회심하기 이전에 우리에게 가장 필요한 것은 복음이다. 회심한 뒤에도 우리에게 가장 필요한 것이 복음이다. 에베소서 2장 8절에 나오는 위대한 진리, 즉 "너희는 그 은혜에 의하여 믿음으로 말미암아 구원을 받았다"라는 진리에 대해 생각해보라. 흥미로운 사실은 바울이 불신자가 아니라 신자들에게 이 글을 쓰고 있었다는 것이다. 복음은 단지 하나님의 나라에 들어가는 길

---

22. Gould, "The Fully Integrated Life of the Christian Scholar," 39에서 재인용함.

인 것만이 아니다. 그것은 또한 하나님의 나라 안에서 성장하고 은혜를 경험하는 길이기도 하다. 그래서 미국의 목사이자 신학자인 팀 켈러는 이렇게 말한다.

복음은 단지 그리스도인의 삶의 '초반부'일 뿐 아니라 '처음부터 끝까지' 지속되는 것이다. 복음은 모든 것(마음, 관계, 교회, 또는 공동체 등)이 그리스도에 의해 새롭게 되고 변화되는 길이다. 우리의 모든 문제는 복음을 지향하는 자세가 부족해서 생긴다. 긍정적으로 표현하자면, 복음은 우리의 마음, 우리의 사고방식, 그리고 단연코 모든 것에 대한 우리의 접근을 변화시킨다. 의롭게 하는 믿음의 복음이란 그리스도인이 여전히 죄인이며 죄를 짓지만 그리스도 안에서는, 하나님이 보시기에, 그들은 용납 받고 의로운 존재라는 것을 의미한다. 그래서 이렇게 말할 수 있다. 우리는 우리가 믿는 것보다 더 악한 존재이지만, 그와 동시에 우리는 우리가 바라는 것보다 그리스도 안에서 더 많이 사랑받고 용납 받은 존재라고 말이다.[23]

4. 회복: 만물을 새롭게 하는 것

요한계시록 21장과 22장에 나오는 클라이맥스에 이른 모습은 구약과 신약 모두에 나오는 모든 줄거리와 하위주제들을 다함께 취합한다. 모든 것이 그리스도 안에서 새롭게 되고 화해되며(엡1:9-10; 골1:19-20), 새롭게 된 하늘과 땅이 있을 것이며(벧후3:13; 계21:1), 인류는 다시 한 번 하나님과 또 상호간에 완전한 친밀함을 경험하게 될 것이다(계21:3-4). 하나님이 하늘(그분의 임재)을 땅으로 가져오실 것이다. 그리고 우리는 하나님을 기뻐하게 될 것이다. 인류는 동산(기쁨의 동산)에

---

23. Keller, *Paul's Letter to the Galatians*, 2.

서 도시(예루살렘)로 옮겼다. 샬롬이 그 모든 차원에서 완전히 회복될 것이다. 우리는 (다시금) 삶을 그 바람직한 상태로 경험하게 될 것이다. 즉, 우리가 창조된 목적대로 영원히 살아감으로써 하나님과 친밀하며, 자신과 타인 그리고 창조질서와 조화로운 삶을 경험하게 될 것이다. 약속, 계략, 폭력, 그리고 진정한 영웅들로 가득한 이 위대한 이야기는 만물이 새롭게 되는 것으로 막을 내린다.

> 내가 들으니 보좌에서 큰 음성이 나서 이르되 보라 하나님의 장막이 사람들과 함께 있으매 하나님이 그들과 함께 계시리니 그들은 하나님의 백성이 되고 하나님은 친히 그들과 함께 계셔서 모든 눈물을 그 눈에서 닦아 주시니 다시는 사망이 없고 애통하는 것이나 곡하는 것이나 아픈 것이 다시 있지 아니하리니 처음 것들이 다 지나갔음이러라 보좌에 앉으신 이가 이르시되 보라 내가 만물을 새롭게 하노라 하시고 또 이르시되 이 말은 신실하고 참되니 기록하라 하시고(계21:3-5)

마지막으로, 만물의 회복이 그리스도인 학자에게 주는 함의는 이것이다. 인류의 주요 목적이 샬롬(그 모든 차원에서)인 만큼, 그리스도인 학자의 활동은 샬롬의 대의에 기여한다는 점에서 더더욱 정당화될 수 있다. 만일 샬롬의 일부가 (하나님과 자신과 세계에 관한 참된 지식을 소유함으로써) 실재와 올바른 관계를 맺는 것이라면, (이론적이고 실제적인) 모든 지식을 추구하는 것은 정당화되고 또 가치가 있다. 두 종류의 지식이 모두 중요하고, 그런 지식의 추구는 하나님과 사람들을 섬기기 위한 우리 그리스도인 학자들의 소명의 일부이다.

5. 하나님의 이야기 속에 들어가라

삼위일체 하나님은 작가로서 우리에게 그분의 이야기에 합류하도록 권유하신다. 이 때문에 명망, 성공, 돈, 또는 권력을 추구하는 자기중심적인 삶은 미완성으로 끝날 수밖에 없다. 예수님이 우리가 목숨을 찾으려면 그분을 위해 우리 자신을 잃어야 한다고 말씀하셨을 때, 그분은 아버지와 아들과 성령이 영원토록 행해오신 일을 말하고 계셨던 것이다. 자기이익, 자기승격, 그리고 자기보존 위에 쌓은 인생은 하나님이 주신 우리의 본성과 상반되는 삶이다. 우리는 모든 것과 모든 사람이 우리 중심으로 돌아가게끔 살도록 되어 있지 않았다. 팀 켈러는 "자기중심성은 하나님이 만드신 것의 구조를 파괴한다."[24]라고 말한다. 우리는 그분의 이야기, 그분의 드라마, 그분의 춤에 합류하도록 창조되었다. "이 세 위격의 삶의 모든 춤이나 드라마 또는 패턴이 우리 각자를 통해 펼쳐지게끔 되어 있다. 또는 (달리 표현하면) 우리 각자가 그 패턴 속에 들어가고, 그 춤에서 그분의 자리를 대신해야 한다. 우리가 창조된 목적인 그 행복에 이르는 다른 길은 없다."[25] 우리가 우리의 인생을 성경에 나온 하나님의 위대한 이야기 속에 둘 때 하나님은 우리를 이 영원한 춤으로 초대하신다. 나는 이번 장을 우리가 하나님의 이야기 속에서 우리의 자리를 찾기 위해 취할 수 있는 두 개의 실제적 단계로 마무리할까 한다.

첫째, 하나님에 대한 우리의 반응은 **믿음**으로 시작된다. 믿음은 우리로 하여금 21세기의 바로 지금 그 이야기 속에 들어가게 해준다(믿음의 미덕에 대해서는 6장에서 다룰 것이다). 성경은 우리에게 대안적 현실을 제시하는데, 이는 우리가 세상으

---

24. Keller, *The Reason for God*, 227.
25. Lewis, *Mere Christianity*, 176.

로부터 흡수하는 이야기들과 배치되는, 전복적인 세계관 이야기다. 믿음은 우리에게 그 이야기로 들어가라고 요구한다. 믿음은 우리에게 행동하라고 요구한다. 믿음은 우리에게 그 춤에 합류해서 삼위일체 하나님과의 신뢰관계에 진입하라고 요구한다. 그렇게 함으로써 우리는 그 이야기 자체가 스스로 타당하고 강화되는 것임을 알게 된다. 사실 예수님이 요한복음 8장 31-32절에서 그렇게 주장하셨다. "그러므로 예수께서 자기를 믿은 유대인들에게 이르시되 너희가 내 말에 거하면 참으로 내 제자가 되고 진리를 알지니 진리가 너희를 자유롭게 하리라." 우리가 그 진리를 명료하게 보려면 그 속에 들어가고 개인적으로 참여해야 한다.

둘째, 우리는 예수님을 따라야 한다. 신약에 나오는 그분의 표준적인 초대는 '나를 따르라'이다. 예수님을 따른다는 것은 하나님의 큰 이야기 속에 들어가는 것이고, 창조, 타락, 구속, 회복의 이야기를 우리의 이야기로 삼는 것이다. 그것은 예수님의 사명을 우리의 사명으로 삼는 것이다. 그것은 우리 인생의 방향과 구조를 예수님의 방식과 일관되게 바꾸는 것이다. 그것은 예수님처럼 깨어진 삶, 예수님처럼 겸손한 삶을 살고, 하나님의 은혜와 복음의 음악이 우리의 영혼 속에서 흘러나와 잃어버린 세상으로 들어가게 허용하는 것이다.

선교적 교수가 된다는 것은 단지 '선교적 직무를 해치우는 것'이 아니다. 그것은 무엇보다도 어떤 종류의 사람이 되는가 하는 것이다. 크리스토퍼 라이트는 이렇게 진술한다. "만일 우리의 사명이 좋은 소식을 (그 모든 차원에서) 나누는 것이라면, 우리는 복음적인 사람이 되어야 한다. 만일 우리가 변화의 복음을 전파한다면, 우리는 변화가 어떤 모습인지에 대한 증거를 어느 정도 보여주어야 한다. ⋯⋯ **거룩함**이란 ⋯⋯ 성경적 단어는 ⋯⋯ 우리의 개인적 성화의 일부인

만큼 우리의 선교적 정체성의 일부이다."[26] 요컨대, 우리가 온전한 사람이 되어야 한다는 말이다. 그리스도인이라는 우리의 정체성과 활동을 대학 교수라는 우리의 정체성과 활동에 통합시켜야 한다. 복음은 우리가 믿어야 할 어떤 것일 뿐 아니라 우리가 순종해야 할 어떤 것이기도 하다. 다음 장에서는 우리가 어떤 종류의 사람이 되어야 하는지에 대해 생각할 것이다. 우리가 살펴볼 것처럼, 성경은 하나님 백성의 성품과 하나님이 주신 사명에 대한 그들의 헌신에 큰 관심이 있다.

---

26. Wright, *The Mission of God's People*, 29-30.

토론을 위한 질문

1. 당신이 좋아하는 이야기를 떠올려보라. 당신은 왜 그 이야기에 끌리는가? 그 이야기는 어떻게 당신에게 참여를 권유하는가? 그 이야기는 이야기꾼에 대해 무엇을 보여주는가?

2. 굴드는 우리에게 충성을 얻기 위해서 싸우는 많은 이야기들(포스트모더니즘, 자연주의 등)이 있다고 한다. 당신은 여기에 동의하는가, 동의하지 않는가? 왜 그러한가? 당신의 학문분야에서 지배적인 이야기는 무엇인가?

3. 창조 교리가 기독교적 학문에 어떤 함의를 지니는지 토론해보라. 발견된 모든 진리는 어떤 식으로든 신성을 가리키고 조명한다고 한다. 당신은 이에 동의하는가? 이는 당신의 학문분야에서 어떻게 나타날 수 있겠는가?

4. 대학 교수가 '받은 역할'은 무엇인가? 이런 역할은 어떤 면에서 선하고 유용한가? 그것은 어떤 면에서 타락했고 그래서 바로잡을 필요가 있는가?

5. 굴드는 대학교가 선교지라고 말한다. 당신은 이에 동의하는가, 동의하지 않는가? 왜 그러한가?

6. 당신은 불신자만큼 복음이 필요한 사람이라는 말에 동의하는가? 어떤 면에서 복음은 그리스도인의 삶의 '초반부(시작)'일 뿐 아니라 '처음부터 끝까지' 지속되는 것인가?

7. 당신은 대학 교수로서 하나님의 이야기 속에 어떻게 더욱 깊숙이 들어갈 수 있을까?

2장
온전함을 향한 비전

마음의 눈이 사람의 내면보다 더 눈부시거나 더 어두운 것을 찾을 수 있는 곳은 어디에도 없다. 그 눈이 집중할 수 있는, 그보다 더 경외심을 유발하거나, 더 복잡하거나, 더 신비롭거나, 더 무한한 것은 존재하지 않는다. 바다보다 더 위대한 광경이 하나 있다. 바로 하늘이다. 하늘보다 더 위대한 광경이 하나 있다. 그것은 영혼의 내부이다.

_빅토르 위고[1]

예수께서 대답하시되 첫째는 이것이니 이스라엘아 들으라 주 곧 우리 하나님은 유일한 주시라 네 마음을 다하고 목숨을 다하고 뜻을 다하고 힘을 다하여 주 너의 하나님을 사랑하라 하신 것이요 둘째는 이것이니 네 이웃을 네 자신과 같이 사랑하라 하신 것이라 이보다 더 큰 계명이 없느니라

_예수(막12:29-31)

---

1. Hugo, *Les Miserable*, 219.

고대로부터 사람들은 우리가 단일한 세계(uni-verse)에 살고 있다는 사실을 이해하려고 노력해왔다. 철학자들은 어째서 그토록 많은 다양성 가운데 통일성이 있는지에 대해 형이상적으로 설명하려고 애쓴다. 이는 '하나와 다수(the one and the many)'라는 오래된 질문이다. 과학자들은 오랫동안 이 세계의 모든 다양한 현상을 통합하고 설명할 수 있는 물리학의 한 근본 법칙, 곧 통합이론(unification theory)을 유심히 찾아왔다. 예술가들은 그림을 그리거나 조각을 만들 때 심미적 통일성을 찾는다. 인문학은 여러 관계를 연구하며 일종의 통일성 또는 상호간의 조화를 추구하지만 이는 여전히 난제로 남아있다. 우리는 어떤 전반적인 목적 아래 우리의 사고와 느낌과 의지를 통합하길 희망한다. 요컨대, 우리는 통일성(unity)을 갈망한다. 그리고 이는 하나님이 주셔야 하는 것이다.

우리가 통일성을 갈망하는 것은 완전하게 통일되신 삼위일체 하나님이 그런 온전함을 위해 우리를 창조하셨기 때문이라고 나는 생각한다. 그리고 다른 모든 통일성의 모범이 되는 것이 바로 이 하나님의 통일성이다.

따라서 기독교의 신론은 통일성의 본질에 관한 주장을 담고 있다. 그 신론은 우리가 경험하는 모든 사실적인 통일성들(수소 원자의 통일성, 예술 작품의 통일성, 인간 자아의 통일성, 또는 인간 사회의 통일성)은 진정한 통일성의 불완전한 사례들이라고 주장한다. 우리는 그것들에서 그 진정한 통일성의 유비를 발견할 수 있고, 또 그것들로부터 완전한 통일성에 관해 무언가를 배울 수 있다. 그러나 완전한 통일성 자체는 오직 하나님 안에서만 찾을 수 있고, 또 그리스도 안에 나타난 하나님의 계시를 통해 하나님의 통일성이 모든 하부의 통일성을 조명해주는 것임을 알게 된다.[2]

---

2. Hodgson, *The Doctrine of the Trinity*, 96.

우리는 일종의 온전함(wholeness), 곧 우리의 본성에 비춰볼 때 번영이라는 온전함을 갈망한다. 그러나 우리가 갈망한다는 것은 우리가 그것을 아직 얻지 못했다는 증거다. 반면 C. S. 루이스가 상기시켜주는 것처럼, "하나님은 그분이 갖지 않은 것이 아니라 가진 것을 주신다. 그분은 존재하지 않는 행복이 아니라 존재하는 행복을 주신다."[3] 따라서 인류의 선택지는 영적인 온전함이냐 아니면 완전히 밀폐된 구획화 내지는 분열이냐 중 하나다. 이는 곧 우리가 더 인간적인 존재가 되느냐, 덜 인간적인 존재가 되느냐의 문제이기도 하다. 온전함을 지향하는 삶은 번영과 기쁨과 통일성이 돋보이는 삶이다. 반면에 구획화 내지는 분열을 지향하는 삶은 그 특징이 불행과 공허함과 자아상실이다. 이번 장에서 나는 당신의 마음속에 온전함을 향한 열망을 일깨우고 싶다. 그리고 구획화된 삶이나 분열된 삶에는 큰 대가가 따른다는 것을 당신에게 설득시키고 싶다. 달리 표현하면, 학문기관에서 그리스도께 신실하다는 것은 온전하게 되는 것, 일관성 있는 사람이 되는 것, 학자의 모든 것과 그리스도인의 모든 것을 통합시키는 것을 말한다. 그리고 우리는 온전함을 위한 전략의 수립이 아니라, 우리의 최대의 기쁨과 소망, 사랑과 행복이 되시는 예수님을 바라봄으로써, 즉 '그 길에 의해서' 온전하게 되는 것이다.

1. 온전함에 대한 오늘날의 도전

현대의 인류는 그 중심이 텅 비어 있어서 파편화되는 성향이 있다. 우리는 확실한 정체성이 없어서 우리의 삶을 사물이나 활동으로 채우며, 그런 것에서

---

3. Lewis, *The Problem of Pain*, 47.

의미와 만족을 찾으려고 한다. 종종 우리 삶의 한 측면은 어느 한 방향으로, 다른 측면은 전혀 다른 방향으로 치닫는다. 많은 측면들이 서로 모순되는 실정이다. 그 결과, 우리의 강점과 유연성, 우리의 훈련과 자유가 서로 상치되고, 그래서 우리는 더 많은 것을 열망하는 상태로 남는다.

킹슬리 아미스(Kingsley Amis)는 제2차 세계대전 후 영국에서 학자로서의 삶을 다룬 고전 소설, 『럭키 짐』에서 대학교에서의 온전함에 대한 도전을 익살스럽게 보여준다.[4]

짐 딕슨은 영국 북부의 한 지방 대학교에서 역사학과 강사직을 맡게 되었다. 그는 (기껏해야) 그 직업에 대해 애매모호한 입장을 취할 뿐이다. 짐은 한 친구에게 중세학자가 된 경위를 이렇게 묘사한다.

> 내가 중세학자가 된 이유는 …… 중세 과제물이 레스터대학교의 과정에서 무난한 선택이라서 그걸 전공했기 때문이야. 이후 이곳 강사직에 지원했을 때, 무언가 구체적인 것에 관심이 있는 듯 보이는 편이 더 낫게 보였기 때문에 내가 자연스럽게 그 점을 과장했던 것이지. 그 때문에 인터뷰 때 현대의 해석이론들에 대해 그토록 지껄이다가 결국 망쳐버린 옥스퍼드 출신의 영리한 친구 대신에 내가 그 자리를 차지하게 된 거야. 그런데 나는 중세의 모든 항목들을, 그리고 오직 중세의 항목들만을 맡게 될 줄은 전혀 상상도 못 했어.[5]

짐은 스스로 사기꾼 같은 선생이라고 느낀다. 학생들은 그의 시간을, 그리고 그는 학생들의 시간을 낭비하고 있기 때문이다. 비록 짐이 중세 역사의 주제를

---

4. Amis, *Lucky Jim*.
5. 같은 책, 33.

지겨워하더라도, 그 직업은 여전히 그에게 꼬박꼬박 급여를 준다. 하지만 짐이 그 학과에 좋은 인상을 주지 못하게 되면서 강사경력 초기에 문제가 생기기 시작한다. 그는 장래에 대해 우려하다가 그의 상관인 웰치 교수, 곧 얼빠지고 허영심 많고 무능한 남자이자 학자로 묘사되는 그 교수의 인정을 받아야 한다는 것을 알게 된다. "영국에서 다른 어떤 교수도 …… 정교수로 불리는 것을 그만큼 중시하지는 않는다."[6]

중세학과에서 그의 위상을 높이는 한 가지 방법은 학술 논문을 발표하는 것이다(당신도 공감할 수 있는가?). 그런데 짐은 강사 생활의 규약과 격식에 반감을 느낀다. 웰치가 짐이 발표용으로 제출한 논문 제목에 대해 묻자 그는 대답하기 전에 속으로 이렇게 생각한다.

그것은 완벽한 제목이었다. 그 논문이 생각할 거리도 없고, 하품을 일으키는 사실들의 행렬이고, 문젯거리도 아닌 것을 비추는 가짜 조명임을 구체화한다는 점에서 그렇다. 딕슨은 그런 논문을 상당수 읽었거나 읽기 시작했지만, 그의 논문은 그 자체의 유용성과 중요성을 확신케 하는 느낌을 준다는 면에서 대다수의 논문보다 더 나쁜 것 같았다. 그 글은 "이상하게 무시된 이 주제에 대해 생각해보니"라고 시작했다. 무슨 무시된 이 주제라고? 이상하게 무슨 이 주제라고? 이상하게 무시된 이 무엇이라고? …… "글쎄요"하고 그는 마치 기억을 더듬는 듯이 말했다. "아, 맞아요, '1450년에서 1485년에 걸친 조선(造船) 기술의 발달이 미친 경제적 영향'입니다."[7]

이 대목에 담긴 자책의 말투가 중요한데, 그것은 이 소설에서 남이 보지 않

6. 같은 책, 1.
7. 같은 책, 14-15.

는다고 생각할 때 짓는 기괴한 표정을 통해, 그의 정신적 또는 신체적인 반감의 표출로 우습게 나타난다. (내가 좋아하는 순간 중 하나는 이것이다. 어느 학생이 그에게 시간이 있냐고 물었을 때, 그는 발걸음을 멈추고 고개를 돌리되 "먼저 등에 총 맞은 듯한 표정을 짓고" 그렇게 한다[8]는 것이다.) 웰치는 짐이 그를 위해 행한 일부 작업을 검토하고 있을 때 짐이 빙빙 돌고 있는 모습을 알아채고는 "의심스러운 듯이 '당신은 지금 무엇을 하고 있소?'"라고 묻는다. 작가의 묘사들은 내가 읽을 때마다 내 얼굴에 미소를 머금게 한다. "사실 딕슨은 지금 그의 손을 등 뒤에 숨긴 채 제스처를 취하고 있었다. 그는 '나는 그저 ……'하고 말을 더듬었다."[9]

소설이 계속 이어지면서 짐은 여러 방향으로 찢겨나갔다. 그는 정말로 싫어하는 그의 직업을 지키려는 욕망으로 무슨 수를 써서라도 웰치를 기쁘게 하려고 애쓴다. 그래서 짐은 어느 주말 웰치의 집에서 열린 음악과 예술 행사에 참석하는데, 거기서 웰치의 거만한 아들 버트란드와 데이트하는 아름다운 여성 크리스틴을 만나게 된다. 오로지 의무감 때문에 짐은 크리스틴을 좇는 대신에 그의 여자친구, 곧 최근 자살을 시도했던 대학교의 동료 강사인 마가렛에게 충실해야 한다고 느낀다. 그 이야기의 절정은 짐이 "메리 잉글랜드"에 관해 강의할 때(모두 웰치를 기쁘게 하려는 시도로) 술 취한 상태로 자기가 미워하는 웰치와 다른 모든 것을 조롱하는 장면이다. 이튿날 짐은 해고당한다.

나는 당신에게 나머지 줄거리를 얘기해서 흥미를 잃게 하진 않겠지만, 그 소설을 대학생활의 웃기는(그리고 때로는 너무나 정곡을 찌르는) 초상화로 추천하는 바이다. 아미스가 그 이야기에서 무척 영리하게 보여준 것은 종종 대학교의 목표와 목적, 전반적인 문화, 동료들, 친구들, 그리고 개개인이 모두 갈등관계에 있다는

---

8. 같은 책, 27.
9. 같은 책, 175.

사실이다. 우리의 삶 역시 전반적인 목적이나 정체성이 없으면 금방 통제 불능의 상태에 빠질 수 있다. 때로는 운이 좋아서 사태가 단기적으로 괜찮게 흘러갈 수 있지만(운이 좋은 짐에게 그러듯이), 우리가 딛고 설 자리 또는 우리의 삶을 위치시킬 만한 이야기가 없다면, 온전함은 여전히 붙잡을 수 없는 상태로 남게 될 것이다.

이런 문화적 환경에 몸담은 그리스도인이 그리스도께 완전히 헌신하는 것은 (최소한으로 말해도) 하나의 도전거리가 아닐 수 없다. 우리는 급류를 인식하지 못한 채 자기충족성, 자아실현, 자기홍보라는 오염된 물로 끌려가기가 쉽다. 요컨대, 우리의 입술로는 하나님께 영광을 돌리되 우리의 삶으로는 우리 자신을 배신하는, 분열된 삶을 살기가 쉬운 것이다. 우리가 만일 복음이 우리 존재의 모든 측면에 침투하도록 허용하지 않았다면, 우리는 핵심 정체성이 분열되어 더 작은 사랑들을 쉽게 좇게 된다. 그 결과는 개인적인 타락과 침묵하는 증인이다.

그러면 우리가 어떻게 온전함을 찾을 수 있을까? C. S. 루이스는 단순하게 "우리 자신에게서 나와서 그리스도 안으로 들어가야 한다."[10]라고 말한다. 우리가 그리스도를 바라보면 우리 자신을 잃지 않고 오히려 우리의 진정한 자아를 찾게 된다. 그래서 예수님은 이렇게 말씀하신 것이다. "누구든지 제 목숨을 구원하고자 하면 잃을 것이요 누구든지 나를 위하여 제 목숨을 잃으면 찾으리라"(마16:25). 당신은 예수님이 당신에게 가장 필요하신 분이라고 확신하는가? 당신은 만족을 얻기 위해 예수님께 달려가는가? 예수님의 아름다운 면모 중 하나는 그분은 언제나 우리 영혼의 가장 깊숙한 곳에서 우리를 회복시키고 계신다는 것이다. 즉 우리를 온전하게 만들고, 그분 안에서만 찾을 수 있는 '새로운

---

10. Lewis, *Mere Christianity*, 224.

삶"[11]을 우리에게 선사하고 계시다는 말이다. 우리가 예수님이 우리 존재의 모든 조직에 침투하시도록 허용할 때, 그분의 영이 우리의 깨어진 모습과 구원자의 필요성을 드러내실 때, 우리는 십자가로 인도되어 생명과 의미, 목적과 행복, 그리고 온전함을 찾게 된다. 그런데 우리는 그리스도를 바라보며 '길을 걷는 동안' 그런 것을 찾는다. 루이스는 훌륭한 저서 『순전한 기독교』의 마지막 대목에서 온전함에 대한 오늘날의 도전과 그 해결책에 감탄 부호를 붙인다. "당신 자신을 찾으라. 그러면 결국에는 미움, 외로움, 절망, 분노, 패망, 그리고 부패만 발견하게 될 것이다. 반면에 그리스도를 찾으면 당신은 그분을 찾게 되고 그분과 함께 덤으로 다른 모든 것도 찾게 될 것이다."[12]

2. 예수, 우리에게 가장 필요하신 분

세계에 가장 필요한 것은 가난의 종식이나 불의의 중단, 또는 모든 전쟁의 종료가 아니다. 물론 이런 것들은 개인적으로 그리고 집합적으로 우리의 시간과 에너지를 점유해야 할 큰 이슈들이다. 그러나 우리에게 가장 필요한 것은 예수님이다. 우리는 새로운 삶이 필요하다. 우리는 새로운 마음이 필요하다. 우리는 그릇된 것을 경배하는, 죄로 망가지고 샬롬이 침해된 사람들이라 반드시 구세주가 필요하다. 우리에게 가장 필요한 것은 십자가 위의 그리스도다. 우리는 우리 삶의 중심에 그리스도를 모셔야 한다. 우리는 우리 자신과 탐욕스러운 우상들을 폐위시키고 우리 마음의 보좌에 그리스도가 앉으시도록 허용해야 한다.

---

11. 같은 책, 221.
12. 같은 책, 227.

궁극적으로, 온전함은 예배의 문제다. 우리의 예배에 분립이 생기면 우리는 파멸되고 만다. 이는 우리를 무너뜨리고 분열로 이끌게 된다. 반면에 우리의 모든 애정과 에너지가 하나님께 초점을 맞추면 우리의 그릇된 예배가 진정한 대상을 찾게 된다. 예수님은 우리를 아버지께 인도하시고 우리의 마음을 그분의 은혜로 새롭게 하시는 위대한 예배 인도자시다. 우리도 고라의 자손들과 함께 "노래하는 이들과 춤을 추는 이들도 말한다. '나의 모든 근원이 네 안에 있다.'"(시87:7, 새번역)라고 노래할 수 있기를 기원한다.

예수님의 아름다운 면모는 그분이 언제나 우리의 핵심 정체성을 노출시키고 회복시키신다는 것에 있다. 부유한 젊은 관리의 이야기를 상기해보라. 그는 예수님께 달려와서 "선한 선생님이여 내가 무엇을 하여야 영생을 얻으리이까?"(눅18:18)라고 묻는다. 이에 응답하여 예수님은 먼저 이 사람이 가진 의로움의 척도에 대해 물어보신다. 즉 예수님은 "네가 계명을 아나니 간음하지 말라, 살인하지 말라, 도둑질하지 말라, 거짓 증언 하지 말라, 네 부모를 공경하라 하였느니라"(눅18:20)라고 말씀하신다. 그 젊은이가 즉시 응답한다. "이것은 내가 어려서부터 다 지키었나이다"(눅18:21). 하지만 그 젊은이는 자신이 무언가를 놓치고 있다는 것을 알고 있었다. 그렇지 않았다면 그는 애초에 예수님께 오지 않았을 것이다. 이어서 예수님은 젊은이에게 필요한 것을 말씀하신다. "네게 아직도 한 가지 부족한 것이 있으니 네게 있는 것을 다 팔아 가난한 자들에게 나눠 주라 그리하면 하늘에서 네게 보화가 있으리라 그리고 와서 나를 따르라"(눅18:22). 여기서 '부족한'으로 번역된 단어(헬, *leipos*)는 마땅히 있어야 할 어떤 것이 모자라다는 뜻이다. 그러면 그 젊은이의 마음속에 모자라는 것이 무엇이었는가? 예수님은 지금 그 젊은이의 핵심 정체성을 노출시키고 계신 것이었다.[13] 왜냐하면

---

13. 그렉 간습 덕분에 나는 '핵심 정체성'의 개념과 영적 형성에서 그것의 역할에 주목하게 되었다. 그렉이

예수님이 그 부유한 젊은이에게 모든 것을 팔라고 도전하신 것은 그에게 부유한 생활방식, 그의 영향력, 그의 지위, 심지어는 그의 가족까지 포기한 뒤에 '나를 따르라'라고 요청하신 것이었기 때문이다. 예수님은 이렇게 부유한 젊은이에게 그분의 제자가 되도록(그의 핵심 정체성을 그리스도 안에서 찾도록) 권유하고 계셨지만, 슬프게도 그것은 그 젊은이에게 너무 벅찬 것이었다. "그 사람이 큰 부자이므로 이 말씀을 듣고 심히 근심하더라"(눅18:23). 이 젊은이에게 있어서 문제는 외적인 도덕성이 아니었다. 도덕적 규약에 대한 외적인 순종은 우리의 최대의 필요를 잘못 진단한 결과다. 오히려 그 젊은이에게 있어서 문제는 예배에 관한 것이었다. 그는 창조주 대신 피조물을 예배함으로써 오직 하나님만 예배하라는 첫째 계명을 위반한 것이었다(출20:3).

우리에게 주는 교훈은 온전함에 이르는 길에는 치러야 할 대가가 있다는 것이다. 부유한 젊은이는 그 대가를 치르길 꺼려했다. 그리스도 안에서 만족과 온전함을 찾기 위해 더 작은 신들을 포기하길 원치 않았다. 그 결과 그에게 제공된 하나님의 나라와 온전함의 문이 닫히고 말았다. 하지만 그분을 따르라는 그리스도의 부르심("오직 주 예수 그리스도로 옷 입고"[롬13:14])은 또한 우리가 찾으면 분명히 찾을 것이고 마음이 기쁠 것이라는 약속이기도 하다.

3. 예수, 우리의 최고의 선(善)

예수님은 우리에게 가장 필요하신 분이다. 그분은 또한 우리의 최고의 선이시다. 사실 우리의 최대의 필요와 최고의 선은 동일한 동전의 양면이다. 우리에

이 주제에 관해 논의한 것을 보려면, 그의 글 "Bringing Jesus into Core Identity"를 참고하라.

게 가장 필요한 것은 오직 그리스도 안에서만 찾을 수 있는 온전함이고, 우리를 가장 온전하게 하는 최고의 선은 예수님을 알고 또 사랑하는 것이기 때문이다. 예수님을 최고의 선으로 생각하는 것이 유익한 이유가 있는데, 그럴 경우 우리가 단지 예수님이 유용해서만이 아니라 그분이 아름다워서도 찾는 것이 되기 때문이다.

위대한 사상가들이 다룬 일관된 주제는 자신의 최고의 선과 궁극적 존재를 아는 지식에 도달하고픈 인류의 욕구와 소원이다. 예컨대, 부처를 따르는 사람들은 열반(Nirvana), 곧 그들로 하여금 출생과 환생의 순환을 초월하게 해주는 깨달음의 경지에 이르려고 노력한다. 플라톤의 『법률』에서 아테네 사람은 "최고의 것들은 …… 신들을 제대로 알고 그에 따라 사는 것이다."[14]라고 말한다. 에픽테투스의 『담론』에서는 "우리가 올바르고 질서정연한 방식으로 행동하고 각 사물의 본질과 체질에 맞게 행동하지 않는다면, 우리는 결코 우리의 참된 목적을 이룰 수 없고 …… 자연은 [우리에게서] 명상과 깨달음만으로 끝나게 된다."[15] 하나님 안에서 안식과 보람을 찾는 주제는 아우구스티누스의 위대한 영적 자서전 『고백록』에 줄곧 등장한다. "나의 하나님이여, 내가 그대를 찾을 때, 나는 행복한 삶을 추구하는 것입니다."[16] 안셀무스도 마찬가지다. "내가 창조된 것은 그대를 보기 위함입니다. 그러나 나는 아직 내가 창조된 목적에 해당하는 일을 하지 못했습니다."[17] 그리고 아퀴나스는 "사람의 더없는 행복은 오로지 하나님에 대한 묵상에 있다."[18]라고 말했다. 종교개혁가 장 칼뱅은 그의 고전적인 책 『기독교 강요』에서 사람의 목적을 이렇게 진술한다. "복된 삶의 최종 목표는

---

14. Plato, *Laws*, 888b4-6.
15. Epictetus, *Discourses*, 1.6.1.
16. Augustine, *Confessions*, 196.
17. Anselm, *Proslogion*, 79.
18. Aquinas, *Summa Contra Gentiles*, 3.37.

또한 하나님을 아는 지식에 있다."[19] 우리가 1장에서 살펴보았듯이, 한 사람의 인생은 하나님과의 관계를 통해서만 이해할 수 있는 법이다. 왜냐하면 하나님이 창조주시고 사람들은 피조물이기 때문이다. 그래서 사도 바울은 이렇게 선언한다. "이는 만물이 주에게서 나오고 주로 말미암고 주에게로 돌아감이라 그에게 영광이 세세에 있을지어다 아멘"(롬11:36).

C. S. 루이스는 서양 문화의 위대한 사상가들의 통찰과 성경의 통찰을 요약하는 데 뛰어나다. "하나님은 우리의 선(善)을 원하시고, 우리의 선은 (피조물에게 합당한 보답의 사랑으로) 그분을 사랑하는 것이며, 그분을 사랑하려면 그분을 알아야 한다. 그리고 우리가 그분을 안다면, 우리는 사실 엎드러질 것이다."[20] 그런즉 하나님은 우리의 선을 원하시고, 우리의 선은 그분을 사랑하는 것이며, 그분을 사랑하려면 그분을 알아야 한다.

대학 교수의 입장에서는 우리의 마음으로 하나님을 **사랑하는** 것보다 하나님의 것들을 좇아 **생각하는** 편(우리의 지성으로 하나님과 인지적으로 관계를 맺는 것)이 더 쉬울지 모른다. 그러면 우리는 어떻게 예수님을 사랑할 수 있을까? 시들로 박스터가 지적하듯이, 우리가 그분을 사랑하는 **방식**이 우리가 그분을 사랑하는 **정도**와 궁극적인 온전함을 찾는 정도를 결정하기 때문이다.[21] 우리가 예수님 안에서 온전함과 만족을 찾아갈 때, 우리가 고려할 만한, 예수님을 사랑하는 네 가지 방식에 대해 박스터는 이렇게 논의한다.[22]

첫째, 우리는 **감사함으로**(gratefully) 예수님을 사랑하는 것에서 시작한다. 그리스도께서 우리를 위해 행하신 일(인간 본성을 입으시고, 우리의 죄를 짊어지신 채 십자가에서

---

19. John Calvin, *Institute of the Christian Religion*, 1.5.1.
20. Lewis, *The Problem of Pain*, 46.
21. Baxter, *Going Deeper*, 111.
22. 위와 같음. 다음 논의는 111-22쪽을 보라.

죽으시고, 우리를 정죄와 부패에서 구출하신 것)을 생각하면, 우리는 자연스럽게 뜨거운 감사의 반응을 보이지 않을 수 없다. 우리가 요한일서 4장 19절에서 보듯이, 우리의 사랑은 하나님이 우리를 위해 행하신 일에 대해 감사를 표현하는 사랑이다. "우리가 사랑함은 그가 먼저 우리를 사랑하셨음이라."

우리는 영적으로 성숙함에 따라 예수님을 **상호적으로**(reciprocally) 사랑하는 법을 배운다. 예수님은 우리가 그분과 관계를 맺게 하려고 오셨기 때문이다. "볼지어다 내가 문 밖에 서서 두드리노니 누구든지 내 음성을 듣고 문을 열면 **내가 그에게로 들어가 그와 더불어 먹고 그는 나와 더불어 먹으리라**"(계3:20). 예수님은 우리의 삶 가운데 계신 실체이자 모든 사람 그리고 '모든 세대의 동시대인'[23]으로서 우리의 모든 경험을 공유하시는 분이고, "우리의 피난처시요 힘이시니 환난 중에 만날 큰 도움이시다"(시46:1).

우리는 하나님에 대한 사랑이 깊어짐에 따라 **흠모함으로**(adoringly) 그분을 사랑하게 된다. 박스터는 이렇게 설명한다. "이는 우리가 그분을 사랑하되 그분이 우리를 위해 행하신 일 때문만이 아니라, 또는 그분이 현재 우리에게 주는 의미 때문만이 아니라, **그분 그 자체** 때문에 사랑한다는 뜻이다."[24] 우리가 예수님 그 자체(삼위일체 하나님의 자존하시는 둘째 멤버, 스스로 낮아져서 인간의 본성을 취한 자애로우신 구원자, "그 안에는 지혜와 지식의 모든 보화가 감추어져 있는"[골2:3] 명석하신 그리스도)에 관해 생각할 때면 "그리스도는 [인간의 마음]을 다 쏟아놓을 만한 가장 초월적으로 사랑스러운 대상"[25]임을 알게 된다. 세계 전역에 있는 많은 오랜 찬송들은 그리스도 그 자체 때문에 그분을 흠모하는 열광적인 표현들로 가득 차 있다. 예컨대, 1876년 아일랜드의 찬송가 작가인 장 소피 피곳(Jean Sophie Pigott)이 작사한 찬송, "예수

---

23. 같은 책, 108-109.
24. 같은 책, 115.
25. 위와 같음.

님, 나는 안식 중이에요, 예수님”을 살펴보라.

> 예수님, 나는 안식 중이에요
> 그대가 누군지를 기뻐하면서.
> 나는 그대의 자애로운 마음
> 그 위대함을 알아가고 있어요.
> 그대는 나에게 그대를 응시하라고 했지요,
> 그리고 그대의 아름다움이 내 영혼을 가득 채우죠,
> 변화시키는 그대의 능력으로
> 그대가 나를 온전하게 했기 때문이죠.[26]

여기서 예수님을 흠모하는 사랑과 온전케 되는 것 간의 연관성을 주목하라. 아우구스티누스는 이렇게 외쳤다. “그대는 사람을 자극하여 그대를 찬송하는 데서 즐거움을 얻게 하십니다. 그대가 그대를 위해 우리를 만드셨고, 우리의 마음은 그대 안에서 안식할 때까지 불안정하기 때문입니다.”[27] 당신은 예수 그리스도의 아름다움과 찬란함에 매혹되어 있는가? 하나님의 실체와 그분의 위대하심이 당신을 감동시켜 찬송과 경외와 예배와 흠모로 나아가게 하는가? 그렇게 되길 바란다! 그래서 시편 저자가 하나님을 생각하며 이렇게 외치는 것이다. “여호와는 위대하시니 크게 찬양할 것이라 그의 위대하심을 측량하지 못하리로다”(시145:3).

그런데 박스터에 따르면, 우리는 예수님께 감사함으로, 상호적으로, 그리고 흠모함으로 사랑하는 것보다 한 걸음 더 나갈 수 있다고 한다. 바로 **몰두함으로**

---

26. 같은 책, 116에 인용됨.
27. Augustine, *Confessions*, 3.

(absorbingly) 그분을 사랑하는 것이다. "흠모는 예배하는 자세로 그리스도를 묵상하고 만족스럽게 그분을 기뻐하는 것이다. 그러나 그것은 능동적인 전유나 몰두는 아니다."[28] 몰두하는 사랑은 우리의 만족을 그리스도와의 풍성하고 깊고 영구적인 교제에서 찾는다. 그리스도에 대한 몰두하는 사랑으로 특징되는 삶은 하나님 중심적인 삶이다. 그것은 하나님의 실체와 사랑에 비추어 살고자 다짐하는 삶이다. 하나님을 아는 것이다. 하나님을 사랑하는 것이다. 온전하게 되는 것이다. 바로 이것이 우리에게 필요하며 우리의 최고의 선이다. 그리고 복음, 곧 좋은 소식은 우리가 그리스도 안에서 그런 삶을 살 수 있다는 것이다.

4. 다중대학교(multiversity) 안에서의 온전함

대학교는 현대인처럼 그 중심이 텅 비었다. 신학을 중심에 두었다가 느슨해진 대학교는 끊임없이 그 존재를 정당화할 방법을 찾는다. 그래서 대학교의 목적과 기독교 신앙의 목적이 종종 서로 엇갈리는 것은 놀라운 일이 아니다. 그런 환경에서 그리스도인 학자는 둘 중 한 극단으로 치우치고 싶은 유혹을 받는다. 채택인가, 배척인가? 그리스도인 학자는 학문기관의 기초와 가치관과 에토스가 기독교와 일관성이 있다고 믿으면서 그런 것을 채택할 수 있다. 또는 그와 반대로, 그리스도인 학자가 학문기관의 기초와 가치관과 에토스가 기독교와 반립관계에 있다고 믿어 그런 것을 배척하고, 기독교를 대학생활로부터 구분해서 일관성을 찾으려 할 수도 있다. 하지만 채택과 배척 모두 바람직하지 않다. 어느 쪽도 필요하지 않다. 신앙과 학문을 통합하는 것이 가능하다. 파편화된 다중대

---

28. Baxter, *Going Deeper*, 120.

학교 내에서 온전함을 찾는 것은 가능하지만 쉬운 일은 아니다. 그렇게 하려면 그리스도에 대한 진정한 헌신과 복음이 삶의 모든 영역과 상관관계가 있다는 확신이 꼭 필요하다.

이제는 좀 더 구체적으로 다룰 시점이다. 오늘날 그리스도인 학자에게 온전함이란 어떤 모습일까? 우리는 어떻게 학자의 정체성과 그리스도인의 정체성을 통합하여 하나가 되게 할 수 있을까? J. P. 모어랜드와 프랜시스 벡위스는 두 종류의 통합을 구별한다. **개념적**(conceptual) 통합과 **인격적**(personal) 통합이다. 개념적 통합에서는 "특히 신중한 성경 연구에서 끌어낸 우리의 신학적 신념들이 우리의 [학문분야]에서 나오는 중요하고 합리적인 개념들과 융합되고 연합되어 지적으로 만족스러운 일관된 기독교 세계관을 이루게 된다."[29] 우리는 그와 같은 개념적 통합을 8장에서 살펴볼 것이다. 우리가 살펴볼 것처럼, 개념적 통합을 인격적 통합에서 분리시키는 일은 상당히 어렵다. 인격적 통합에서는 "우리는 통합된 삶, 즉 사적으로든 공적으로든 동일한 삶, 우리 인격의 다양한 측면들이 서로 일관성 있고 예수님의 제자로서 인간의 번영에 도움이 되는 삶을 살려고 애쓴다."[30] 요컨대, 우리가 삶의 전 영역에 걸쳐 그리스도의 제자로 사는 것을 추구한다고 할 수 있다. 그런 삶에서는 그리스도께서 일과 놀이의 주님, 성스러운 것과 세속적인 것의 주님, 신앙과 학문의 주님, 가르침과 섬김의 주님, 우리의 개인적 성품과 사회적 관계의 주님이 되신다.

예전에 나는 그리스도에 대한 신실함과 통합의 문제를 (그저 개념적 차원이 아니라) 인격적 차원에서 이해하는 것이 최선이라고 주장한 바 있다. 그래서 그리스도인 학자를 위해 온전히 통합된 삶의 모습을 이렇게 묘사했다.

---

29. Moreland and Beckwith, "Series Preface," 9.
30. 같은 책, 10.

그리스도인 학자는 [그들이] 명시적인 기독교적 연구 또는 잠재적인 기독교적 연구(지성)에 관여하는 한편, 하나님을 [자신의] 존재 전체(영혼)로 추구하되 그것이 [자신의] 학술적 작업과 삶(사명: 영혼과 지성을 구속하는 일)을 통해 하나님을 예배하고 사람들을 섬길 때 [자신의] 신앙과 [자신의] 학문을 통합하고 있는 셈이다.[31]

나는 이 그림이 여전히 정확하다고 생각하지만 이제는 조금 더 보충하고 싶다. 구체적으로, 나는 우리가 본질상 공동체적 존재로서 공동체 안에서 우리의 소명을 살아내도록 되어 있다는 사실을 인정하기 위해 사회적 요소를 더하고 싶다. 더 나아가, 우리의 성품이 그리스도를 닮도록 부름 받은 것과 그리스도인이자 학자로서 우리가 받은 '목적'을 보다 명시적으로 다루고 싶다. 하나님을 아는 것과 사랑하는 것, 어떤 종류의 사람이 되는 것, 하나님의 의도대로 삶을 경험하는 것, 우리의 본성에 비추어 꽃을 피우는 것, 그리고 하나님이 우리에게 주신 일을 완수하는 것(엡2:10) 등은 우리의 삶으로 그리는 신실함이라는 그림에 색채와 깊이를 더해준다.

C. S. 루이스는 도덕의 세 부분에 대해 논의할 때[32] 온전함의 그림을 그리는 데 도움을 준다. 그는 우리에게 함대를 생각하도록 권한다. 함대가 성공하려면 세 가지 사항이 고려될 필요가 있다. 첫째, 각 선박이 항해에 적합해야 한다. 둘째, 각 선박 사이에 공정한 경기와 조화가 있어야 한다. 끝으로, 각 선박은 최종 목표를 올바로 겨냥해야 한다. 루이스는 도덕에 관한 논지를 펴기 위해 유비를 사용한다. 나는 온전함에 대한 논지를 펴기 위해 유비를 사용할 것이다. 첫째, 그리스도 안에서의 온전함은 우리 각자가 개개인으로서 '내면'이 올바로 정

---

31. Gould, "The Two Tasks Introduced," 40.
32. Lewis, *Mere Christianity*, 69-75.

돈되는 것을 고려해야 한다. 즉, 우리의 모든 신념과 감정과 의지가 그리스도와 관련해 올바로 정리되어야 하고, 우리의 핵심 정체성은 '그리스도를 따르는 사람'이란 사실에 있어야 한다. 둘째, 온전함은 다른 이들과 올바른 관계를 맺는 것을 고려해야 한다. 즉, 우리는 동료 여행객들과 조화로운 관계를 맺어야 하고, 공의의 일꾼으로서 모든 이들과 공정한 경기를 해야 한다.

끝으로, 온전함은 우리의 목표와 관련해 올바로 정리되는 것을 고려해야 한다. 하나님은 우리의 인생을 그분의 이야기 안에 두도록 권유하신다. 하나님은 우리가 인류와 온 창조세계를 구속하고 회복하시는 그분의 사명에 합류하도록 우리를 초대하신다. 그리스도에 대한 우리의 신실함을 오직 외적인 도덕의 측면에서만, 즉 다른 이들과 조화롭고 공정하게 사는 것으로만 간주하고자 하는 유혹이 있다. 누가복음 18장에 나오는 부유한 젊은이는 재빠르게 자기가 다른 이들과 관련해 올바로 정돈된 사람이라고 언급했다. 그러나 예수님이 분명히 하셨듯이, 그리스도에 대한 온전함(그리고 신실함)은 마음과 머리와 손의 문제다(그런 온전함이 지적으로 또 도덕적으로 어떤 모습인지는 5장과 6장에서 다룰 것이다).

이제 명백히 진술할 필요가 있겠다. 그리스도인으로서 우리의 핵심 정체성은 일차적으로 우리가 **행하는** 일이 아니라 우리가 **누군지**에 있다. 그리스도인은 '큰 목적을 위해 하나님의 부름을 받아 은혜로 구원받은 죄인'이다. 내가 1장의 끝부분에서 말했듯이, 선교적 교수가 된다는 것은 어떤 종류의 사람이 되는가 하는 문제다. 복음의 사람, 온전한(진정한) 사람, 그리스도 안에서 존재하며 그분의 목적을 위해 살고 사랑하는 사람이 되는 것이다. 그리스도인 교수들이 오늘날의 대학교란 물 위에서 흔들리는 뗏목에 홀로 앉아 표류하는 것은 결코 하나님의 뜻이 아니다. 그분은 우리에게 확실하게 도우시는 분(성령), 동료 여행객들, 그리고 사명을 주셨다. 당신이 그리스도 안에서 성숙해감에 따라, 당신의 뗏목이 항해에 적합한 멋진 선박이 되어 동일한 방향으로 나아가는 다른 선박들과 합류함에 따라, 학생들과 동료들과 행정가들은 당신을 주목하게 될 것이다. 주님의 뜻이라면 그들도 합류하려고 손을 내밀 것이다.

복음은 삶의 모든 영역을 포괄할 만큼 크다. 이번 장에서는 복음이 그리스도인 학자의 존재의 핵심에 영향을 준다는 것이 과연 어떤 모습인지에 대해 생각했다. 아직도 많은 질문들이 남아있다. 이것은 그들이 가르치는 방식에 어떤 영향을 미칠까? 그들이 그들의 연구를 보는 관점에는 어떤 영향을 줄까? 학과와 대학교 안에서 섬기는 일에 접근하는 그들의 자세에는 어떤 차별성이 있을까? 그들이 학생들, 동료들, 그리고 행정에 대해서는 어떤 관점을 지닐까? 가정생활, 부부관계, 자녀들, 그리고 놀이 등과 관련해 어떻게 균형을 잡을까? 앞으로 우리는 이런 질문들은 물론 그보다 더 많은 의문들을 다루게 될 것이다. 그렇게 하기 전에 한 가지 주제를 더 다루어야 한다. 대학교는 왜 그렇게 중요한가? 이제 이 주제로 넘어가자.

토론을 위한 질문

1. 현대인은 어떤 면에서 여러 조각으로 파편화되어 있는가? 우리가 온전한 사람이 되길 갈망한다는 말에 당신은 동의하는가? 당신은 어떻게 분열되어 있다고 느끼는가? 대학교는 어떻게 그런 분열에 기여하고 있는가?

2. 당신은 킹슬리 아미스의 이야기에 나오는 럭키 짐의 입장에 공감하는가? 어떤 식으로 공감하는가? 이 가상적인 이야기가 현실을 반영한다고 생각하는가? 어떻게 반영하는가?

3. 굴드는 우리가 그리스도를 바라보며 '길을 걷는 동안' 온전함을 찾는다고 말한다. 어떻게 그렇게 되는가? 그리고 그는 우리 자신을 바라보면 결국에는 미움, 외로움, 절망, 분노, 패망, 그리고 부패만 발견하게 된다고 말한다. 어떻게 그런 일이 생기는가?

4. 당신은 어떤 면에서 누가복음 18장에 나오는 부유한 젊은 관리와 비슷하다고 느끼는가? 온전함과 예배는 어떤 관계에 있는가? 예수님이 우리에게 가장 필요한 분이심을 깨닫는 것은 왜 중요한가?

5. 우리의 최고의 선(善)인 예수님과 우리에게 가장 필요한 분이신 예수님은 서로 어떤 연관성이 있는가?

6. 우리는 예수님께 감사함으로, 상호적으로, 흠모함으로, 그리고 몰두함으로 사랑할 필요가 있다. 이런 면에서 당신은 어떻게 성장할 수 있을까? 당신에게는 어떤 방식으로 하나님을 사랑하는 것이 가장 쉬운가? 가장 어려운 것은 무엇인가?

7. 당신은 개념적 통합과 인격적 통합 중에 어느 것이 더 어려운가? 굴드가 그리스도인 학자의 온전히 통합된 삶을 정의한 것에 대해 당신은 어떻게 생각하는가? 거기에 덧붙이고 싶은 것이 있다면 무엇인가?

8. 만일 당신의 핵심 정체성이 당신이 **행하는 일** 대신에 당신이 **누군지**(또는 당신이 누구의 것인지)에 있다면, 이는 실제적으로 어떤 변화를 일으키겠는가? 당신이 당신의 가치와 정체성을 그리스도 안에서 찾기 위해 실천할 수 있는 일은 무엇일까?

3장

대학교의 중요성

아우슈비츠, 트레블링카, 그리고 마이데넥의 가스실은 궁극적으로 베를린
에 있는 어떤 관청에서 준비된 것이 아니라 허무주의 과학자들과 철학자들
의 책상과 강의실에서 준비된 것이었다.

_빅터 프랭클[1]

그리스도의 사랑이 우리를 강권하시는도다 우리가 생각하건대 한 사람이
모든 사람을 대신하여 죽었은즉 모든 사람이 죽은 것이라 그가 모든 사람
을 대신하여 죽으심은 살아 있는 자들로 하여금 다시는 그들 자신을 위하
여 살지 않고 오직 그들을 대신하여 죽었다가 다시 살아나신 이를 위하여
살게 하려 함이라

_고린도후서 5장 14-15절

---

1. Frankl, *The Doctor and the Soul*, xxviii.

대학교라는 맥락에서 선교적 비전이 적절한지에 대해 도전하는 사람들이 있다. 그들은 오히려 교수인 당신의 직무는 정치적, 도덕적, 또는 종교적 이데올로기로부터 자유로운 상태에서 단지 가르치고 연구하는 일일 뿐이라고 한다. 스탠리 피시의 말을 상기해보라.

대학교의 존재 이유(지식의 전달과 분석 기술의 부여)를 늘 기억하고 그 영역에서 일어나는 일의 중요성을 부풀리고픈 유혹에 저항하라. …… 물론 누구나 학문세계에 적합한 목적보다 다른 목적을 선호할 자유는 있으나, 아무도 학계의 기구와 자원을 그런 다른 목적을 위해 사용할 자유는 없다. 만일 당신이 정말로 행하고 싶은 일이 전도, 정치 집회의 조직, 세계 평화의 증진, 가난한 노숙자를 섬기는 일, 또는 곤경에 빠진 청소년을 상담하는 일이라면, 당신은 일과 이후의 시간과 주말에 그런 활동에 종사하거나, 혹시 파트타임으로 충분치 않다면, 학계에서 사임해야 한다. …… 그리고 당신이 반드시 다루고자 하는 문제들을 직접 취급하는 일에 착수해야 한다.[2]

다른 곳에서 피시는 또 이렇게 말한다.

고등교육에 대해 내가 제시하는 견해는 디플레이션적(deflationary)이라 불리는 것이 적당하다. 이 견해는 부풀려진 풍선에서 공기를 빼낸다. 또한 이는 도덕적이고 철학적인 (모호한) 주장, 곧 실무자들로 하여금 스스로를 변화의 일꾼이나 '변혁적인 경험'의 설계자로 상상하게 하는 그런 주장을 가르치는 일을 거부한다.[3]

---

2. Fish, *Save the World on Your Own Time*, 79, 81.
3. 같은 책, 53.

대학교에 대한 피시의 관점—그것을 **디플레이션적 견해**라 부르자—에 따르면, 당신은 각각 어떤 지식 분야의 전문가로서 공장 노동자들, 곧 사물의 **일부**를 제조하는 사람들과 비슷하다. 당신이 작문 과목을 가르친다면, 당신의 직무는 학생들에게 글쓰기를 가르치는 것일 뿐, 그 이상도 그 이하도 아니다. 당신이 문학 교수라면, 당신은 문학에 관해서만 가르쳐야 한다. 예컨대, 학생들에게 시(詩)에 관해 가르쳐야지, 그들이 시로부터 무언가를 배우도록 가르치면 안 된다. 후자는 당신이 텍스트에 주관적인 가치관과 편향된 이데올로기를 주입하는 것으로서 대학교의 기본 미덕(객관성의 미덕)을 저버리는 행위이기 때문이다. (피시가 말하듯이) 당신의 직무는 학생들이 일단의 지식(가치들이 아니라)에 노출되게 하고 그들에게 그런 지식을 분석하는 기술을 전수하는 것이다. 당신이 분명히 해서는 안 될 일이 있다. 그것은 학생들이 성품을 개발하도록 돕는 일, 또는 종교나 궁극적 목적 같은 초월적이되 주관적인 관념에 대한 이데올로기나 견해를 개발하도록 돕는 일, 또는 그들에게 세상에서 어떻게 행동해야 한다고 일러주는 일이다.

대학교의 목적에 관해 다른 견해도 있다. 이를 **전통적 견해**라고 부르자. 이 견해는 대학교가 사물의 **일부**만 만들 뿐 아니라 무언가를 만드는 곳이라고 한다. 구체적으로, 웬델 베리에 따르면, 대학교에서 만들어지는 것은 **인간성** 자체다. 베리는 별로 알려지지 않은 에세이(아마 생활과학에 관한 책 속에 묻혀서 그럴 것이다)인 "대학교의 상실"에서 이렇게 말한다.

> (모든 분야를 다함께 묶어서 하나로 만드는) 대학의 이념 밑바닥에 깔려 있는 것은 선한 일과 선한 시민은 선한(즉, 온전히 개발된) 인간을 만드는 일의 불가피한 부산물이라는 이념이다.[4]

---

4. Berry, "The Loss of the University," 77.

대학교는 인간 번영을 추구하는 곳이고, 이는 지적인 번영 뿐 아니라 도덕적이고 영적인 번영도 포함한다. 그래서 1930여년까지 지배적이었던 전통적 견해에 따르면, 대학교는 학생들을 온전한 역할을 하는 인류의 멤버들로 개발하는 곳이다. 그곳은 사람들이 잘 살도록 가르치는 곳이고, 지식은 그런 모습에 내용을 제공하는 것으로 쓸모가 있다. 그런즉 학자들의 역할과 과업은 특정한 분야의 지식을 전달하는 것일 뿐만 아니라 그들의 가르침과 연구를 통해 **그들 자신**과 **그들의 가치관**을 전달하는 것이기도 하다.

따라서 우리는 대학교의 목적과 이로부터 학자의 목적에 대해 두 가지 경쟁적인 견해들을 갖고 있는 셈이다. 즉 한편으로, 우리는 교수로서 어떤 과업을 수행할 수 있는 고도로 숙련된 야만인들을 훈련하고 있는 것이다. 다른 한편으로, 우리는 사람들이 잘 살도록 돕기 위해 인간성 자체를 개발하고 있는 것이다. 나는 전통적 견해가 정확한 견해이므로 우리가 버리지 말았어야 한다고 생각한다. 그 견해가 버려진 것은 과학적 자연주의와 포스트모더니즘이 오늘날 대다수의 대학교와 문화를 형성하는 지배적인 세계관 내지는 이야기가 되었기 때문이다. 그리고 대체로 이런 세계관들에는 도덕적으로든 지적으로든 덕스러운 삶을 개발할 만한 지적인 자원이 없다. 그래서 현대의 대학교와 현대의 인간성이 파편화되고 그 중심이 공허한 것은 놀랄 일이 아니다.

우리가 인정하든 안 하든, 대학교는 인간성을 빚어**내고 있는** 곳이다. 선생들은 육체를 가진 존재인 만큼 그들의 가르침과 연구를 통해 그들 자신의 일부를 나눠주지 않을 수 없다. 학생들도 마찬가지다. 그들 역시 강의실과 실험실에서 그리고 책을 통해 그들을 가르치는 교수들에 의해 인간성이 형성되지 않을 수 없다. 그래서 데이비드 호크마는 이렇게 말한다. "의식적으로든 무의식적으로든, 체계적으로든 우발적으로든, [교수들은] 학생들에게 도덕적 안내자의 역할을 한다. 많은 교수들은 이것이 그들의 책임과 어떤 관계가 있느냐고 질문을 받으면 '없다'고 부인할 것이다. …… 그러나 이는 모든 교수들이 사실상 맡고 있는 역할이다."[5] 이런 역할에 사회적 압력, 맥주, 그리고 세계의 많은 대학 캠퍼스에 만연되어 있는 파티 분위기를 더해보라. 그러면 대학교가 인간성을 빚어내는 데 중요한 역할을 하고 있음이 분명해진다.

그런데 문제는 '어떤 종류의 인간인가?' 하는 것이다. 문 앞의 야만인들인가, 아니면 번성하는 인간들인가? C. S. 루이스가 우리에게 상기시키듯이 결국에는 두 종류의 인간밖에 없다. "하나님께 '그대의 뜻이 이뤄지기를'이라고 말하는 사람들, 그리고 하나님이 그들을 향해 결국 '너의 뜻이 이뤄지기를'이라고 말씀하시는 사람들이다."[6] 이 사실은 대학교가 선교지로서 무척 중요하다는 점을 우리에게 일깨워준다. 우리가 그리스도 안에서 구속과 회복을 발견할 때에야 가장 온전한 인간이 될 것이기 때문이다. 대학교가 선교지로서 중요하다는 점을 이해하는 것이 필요한 이유는 적어도 다음 세 가지다. 첫째, 세계의 미래 지도자들이 대학교를 통해 배출된다. 둘째, 대학교는 문화적 지성의 역할을 담당한다. 그리고 끝으로, 대학교에서 실시된 연구는 인간의 삶을 심오하게 변화시킬 엄청난 잠재력을 갖고 있다. 예컨대, 유전자 편집, 복제, 해체주의, 핵에너지, 녹색혁명, 자율주행 자동차 등을 생각해보라! 이 모든 이유들이 복음의 진보와 인간의 번성에 영향을 미친다.

---

5. Hoekeman, "The Unacknowledged Ethicists on Campuses," para. 4.
6. Lewis, *The Great Divorce*, 75.

1. 대학교와 미래의 세계 지도자들

　그날 아침 나는 잠에서 깨어날 때 곧이어 일어날 사건이 얼마나 중대하고 끔찍할지 도무지 알 수 없었다. 당시에 나는 로스앤젤레스에 거주하는 신학교 1학년생이었다. 우리의 둘째 아이는 두 달도 되지 않았다. 나는 학교에 갈 준비를 하는 등 평상시와 다름없이 일과를 시작하고 있었는데 그때 전화벨이 울렸다. 장인어른이 우리에게 TV를 켜라고 했다. 9월의 그날 우리가 직면한 이미지는 영원히 내 마음속에 각인되어 있다. 항공기 두 대가 쌍둥이 빌딩과 충돌하고, 빌딩이 무너지고, 승객들이 하늘에서 떨어지고, 맨해튼이 혼돈에 빠지고, 온 나라가 봉쇄 상태에 빠진 장면이다. 이후 며칠에 걸쳐 2001년 9월 11일의 끔찍한 테러 사건의 전모가 밝혀짐에 따라 미국의 새로운 적 알케이다와 새로운 악의 얼굴 오사마 빈 라덴에 대해 알게 되었다.

　위기가 닥친 기간에는 '우리가 어떻게 이런 상황에 이르게 되었는가? 이 비극을 피할 수는 없었을까?'라고 묻는 것이 언제나 타당하다. 정치인들과 전문가들은 보통 그런 질문에 대해 지정학적 또는 군사적 용어로 답변을 만든다. 중동이 민주화되었더라면 호전적인 이슬람주의자를 저지했을 것이다. 국경 보안을 더 엄중하게 했었다면 납치범들을 붙잡았을 것이다. 아프가니스탄에 공세적인 군대(스파이라도)가 주둔했었다면 테러리스트 음모를 예측했을 것이다. 물론 이런 답변들도 중요하지만, 그런 조직의 지도자들에 관한 더 근본적인 질문이 있다. 오사마 빈 라덴이 어떻게 알라의 자유 투사가 되었는가? 교육을 잘 받은 부유한 사우디아라비아 사람이 어떻게 이교도로 간주된 사람들을 죽이기로 결단했던 것인가?

　오사마 빈 라덴이 언제나 그랬던 것은 아니다. 그를 알았던 사람들은 그가 젊은 시절에는 수줍어하고 남을 존경할 줄 아는 사람이었다고 말한다.[7] 그는 대학교에서 경영학을 전공한 후 집안 사업을 이어갈 것으로 예상되었다. 그러나 대학 시절에 팔레스타인 출신 이슬람 학자인 압달라 아잠의 열정적인 강의를 들은 후 그의 삶은 새로운 길로 접어들게 되었다. 그는 매우 종교적인 사람이 되었다. 즉 빈 라덴은 한 대학 교수의 영향을 받아 그의 목적을 발견하게 되었던 것이다. 「타임」 잡지는 9/11 사건 직후 매카시의 글에 인용된 대로 다음과 같은 기사를 실었다.

> 만일 키가 크고 마른, 부드러운 말씨의 44세 된 오사마 빈 라덴이 부유한 집에서 태어나지 않았다면, 또는 부유하게 태어났더라도 이등급의 사우디 사람이 아니었다면, 그에게(그리고 맨해튼 남부의 시민들에게) 사태가 다르게 전개되었을지 모른다. 만일 그 젊은이가 대학에서 공학을 공부하는 동안 이슬람 연구를 위해 그의 종교적 열정에 불을 붙인 그 카리스마적인 팔레스타인 출신 강사가 아닌 다른 선생의 가르침을 받았더라면, 아예 이야기가 달라졌을지 모른다.[8]

교수가 젊은 마음과 지성에 (좋거나 나쁜) 영향을 미친 이야기는 얼마든지 더 열거할 수 있다. 소크라테스와 플라톤, 플라톤과 아리스토텔레스, 성 암브로시우스와 젊은 아우구스티누스, 뛰어난 케임브리지 교수 이삭 밀너와 젊은 윌리엄 윌버포스, 그리고 옥스퍼드의 그리스도인 교수 공동체와 젊은 C. S. 루이스 등이 그렇다. 이보다 덜 드라마틱하긴 해도 교수들이 사회 모든 영역의 미래 지도

---

7. 이 단락과 다음 단락에 요약된 내용은 달 매카시(Daryl McCarthy)의 연구 덕분이다. 그는 그리스도인 지도자들의 포럼(유럽 리더십 포럼)을 진행하는 "학문 프로그램 및 전략"의 부회장이며 "Hearts and Minds Transformed"를 썼다.
8. 같은 글, 1쪽에 매카시가 인용한 대목.

자들에게 영향을 미친 이야기들도 상당히 많다. 대학 교수들은 젊은 학생들의 삶에 (좋거나 나쁜) 영향을 미칠 뿐 아니라, 사실상 우리 세계의 모든 미래 지도자들이 대학교를 거치기 때문에 대학 교수들은 우리 세계를 빚어내는 데 중요한 역할을 담당하는 셈이다.

　이를 보다 명료하게 보기 위해 달리 표현해보겠다. 미국에는 대략 3억 1천 7백만 명이 살고 있다. 그 가운데 약 150만 명이 현재 미국 대학교들에서 2천 1백 6십만 명의 학생들(즉, 교육, 법률, 비즈니스, 정부, 연예계 등의 미래 지도자들)을 가르치고 있다. 따라서 대학 교수들은 미국 인구의 0.47퍼센트밖에 되지 않지만, 사실상 사회의 모든 측면에 영향을 미치고 있는 것이다. 이런 현실에 비추어 우리가 받은 교수의 소명이 얼마나 중요한지 곰곰이 생각해볼 필요가 있다. 대학교는 문화적 영향력의 중심이고, 교수들은 대학교의 영구적인 붙박이로서 세상을 움직일 수 있는 아르키메데스의 지렛대이다. 우리가 대학 교수로서 선교적 삶을 산다면, 우리는 학생들, 동료들, 기관들, 학문분야들, 그리고 궁극적으로 이 세상에 심대한 영향을 미칠 수 있다. 대학교의 문을 통과하는 학생들이 그리스도의 주되심 아래 잘 통합된 삶을 영위하는 교수들을 접하게 되기 때문이다. 교수들이 그들의 연구와 가르침을 통해 진리를 추구하는 가운데 "복음에 관한 것들"[9]에서 기쁨과 즐거움을 찾을 때, 그리고 교수들이 말과 행위를 통해 찬란하고 아름다운 그리스도를 선포할 때, 많은 인생들이 변화되고 그로 말미암아 하나님은 영광을 받으실 것이다.

---

9. 조나단 에드워즈의 글에서 인용한 것. 그는 그리스도를 바라보는 것에서 모든 기쁨과 즐거움을 찾기를 갈망했던 성자와 같은 학자요 목사요 대학 총장이었다. 모두를 인용하면 다음과 같다. "내가 경험해온 가장 달콤한 기쁨과 즐거움은 나 자신의 양호한 유산에 대한 희망에서 생긴 것이 아니고, 오히려 복음에 관한 영광스러운 것들을 직접 바라보는 데서 생긴 것이었다. 내가 이 달콤함을 즐거워할 때는 그것이 나를 나 자신의 안전한 유산에 대한 생각 너머로 데려가는 듯하다." In Edwards, *Resolutions of a Saintly Scholar*, 22.

2. 대학교와 현대의 지성

1980년 9월 13일, 레바논 대사이자 그리스도인 정치가 찰스 말릭(1906-1987)은 미국의 휘튼 칼리지에서 열린 새로운 빌리 그래함 센터 헌당식에 빌리 그래함을 비롯한 만 명의 사람들과 함께 참석했다. 말릭은 열정과 선지자적 비전을 품고 복음주의 그리스도인들에게 두 가지 큰 과업에 참여하도록 간청했다. 그것은 "영혼을 구원하는 일과 지성을 구원하는 일"[10]이었다. 그는 이렇게 경고했다. "문제는 영혼을 얻는 것 뿐 아니라 지성을 구원하는 것이다. 여러분이 온 세계를 얻고도 세계의 지성을 잃어버린다면, 여러분은 곧 세계를 얻지 못했다는 것을 알게 될 것이다. 사실은 여러분이 세계를 잃어버린 것으로 드러날 수도 있다."[11] 말릭은 마음(heart)은 지성(mind)이 품을 수 없는 것을 받아들일 수 없으므로 그리스도를 위해 우리 세상에 다가가는 핵심 요소는 사람들이 성경적 실재관과 일치하는 방식으로 사유하도록 돕는 일을 포함해야 한다는 것을 이해했다. 만일 지성의 삶이 교회 내에서 소홀히 여겨지고, 기독교의 진리가 교회 밖에서 매력적으로 또한 왕성하게 변호되지 않는다면, 기독교는 삶과 무관한 것으로 공중에 떠다니게 될 위험이 있다.

그런데 말릭은 특별히 대학교에 대해서 도전한다. 그는 대학교가 흘러가는 대로 세상이 흘러간다는 것을 깨달았다.

자녀들이 일반 학교와 대학교에서 15년에서 20년 동안 날마다 노출되고 있는 것이 그들이 가정과 교회에서 듣고 보고 배운 것을 도덕적으로 그리고 영적으로 사실상 상쇄시키는 한, 세상의 모든 설교 및 상호간에 문제가 없

---

10. Malik, "The Two Tasks," 64.
11. 같은 책, 63.

는 최고의 부모가 주는 자애로운 돌봄조차 별로 가치가 없을 것이다. 그러므로 일반 학교와 대학교의 문제는 서양 문명을 괴롭히는 가장 중대한 문제다.[12]

말릭에 따르면, 대학교는 오늘날 세상에서 가장 영향력 있는 기관들 중 하나다. 대학교는 "사건들의 흐름과 사람의 운명을 좌우한다."[13] 그것은 "문자 그대로 세상을 지배하고"[14] "오늘날 문화의 지성을 반영한다."[15] 1980년 말릭의 강연에 참석했던 역사학자 마크 놀도 이에 동의한다. "큰 고등교육 기관들은 ······ 문화의 ······ 지성의 역할을 한다."[16] 놀은 그 이유를 이렇게 말한다. 그런 기관들은 "중요한 것을 규정짓고 ······ 존중받을 절차를 명시하고 ······ 실제적인 문제들을 분석하기 위한 의제를 설정하고 ······ 영구적인 큰 이슈들을 다루는 데 필요한 어휘를 제공하고," 아울러 "읽을 책들을 생산하고 ······ 세계 전역의 사유에 영향을 준다."[17] 요컨대, 대학교가 무엇이 추구할 가치가 있는지, 그리고 무엇이 참일 가능성이 있는지에 대한 의제를 설정한다는 말이다.

문화를 강으로 비유해보자.[18] 상류에서 일어나는 일은 무엇이든 하류에서 일

---

12. 같은 책, 60.
13. Malik, *A Christian Critique*, 25.
14. 같은 책, 26.
15. Malik, "The Two Tasks," 62.
16. Noll, *The Scandal*, 51.
17. 위와 같음. D. G. 하트는 경제적 및 공리주의적 압력에 의해 형성된 현대의 대학교 안에서 지식을 하찮게 여기는 풍조 때문에 대학교에 서양 문화의 기능적 '지성'이란 망토를 줘야 하는지의 여부에 의문을 제기한다. 하지만 그의 요점은 대학교가 서양 문화의 지성으로 그 역할을 하지 못한다는 것이라기보다는 오히려 지성을 개발하는 직무를 엉성하게 수행한다는 것이다. 나도 동의하지만, 그렇다고 이것이 대학교가 실제로 서양의 사고방식을 빚어낸다는 사실을 부정하는 것은 아니다. Hart, "What's So Special about the University, Anyway?"
18. 문화와 문화 변동에 대한 이 정신적인 그림은 그렉 간슬에게 신세를 졌다. Greg Ganssle, "Making the Gospel Connection."

어나는 일에 큰 영향을 미친다. 상류에는 미디어, 예술단체, 정부, 그리고 대학교와 같은 문화를 형성하는 기관들이 있다. 하류에는 문화의 소비자들이 있다. 상류 기관들은 하류에 있는 이들의 가치관과 신념을 극적으로 형성한다. 그런 기관들은 어떤 관념들을 타당성이 있어 고려할 가치가 있는 것으로 보이게 하고 또 어떤 관념들은 타당성이 없는 것으로 보이게 하는 역할을 한다. 제임스 데이비슨 헌터가 지적하듯이, "세계를 만들고 변화시키는 작업은 대체로 엘리트의 몫이다. 그들은 사회생활의 여러 영역에서 창의적인 방향과 관리를 제공하는 문지기들이다."[19] 보통 대학교와 특히 교수들은 우리 세계의 사상과 삶의 모든 측면에 직접 또는 간접으로 영향을 주는 관념의 문지기들이다. 요컨대, 대학교는 세계 전역의 거의 모든 문화에서 문화를 만드는 핵심 기관이며, 또한 우리 그리스도인이 영향을 미치도록 부름 받은 기관이다.

그리스도인 학자가 문화를 만드는 기관에 속한 내부자로서 기독교(와 그리스도)를 타탕하게 만들도록 도울 수 있는 실제적인 방법 한 가지는 팀 켈러가 기독교에 대한 **거부 신념**(defeater beliefs)이라 부르는 것에 관여하는 것이다. 거부 신념이란, 만일 그것이 옳다면 다른 어떤 신념 B를 배제시키거나 무너뜨리는 신념 A를 말한다. 각 문화는 기독교에 대한 일련의 거부 신념들이 있다. 따라서 만일 우리가 그런 신념들에 관여하지 않는다면, 기독교가 발언권(또는 공정한 발언권)을 얻지 못할 것이다. 이제 거부 신념을 위험한 강의 흐름 내지는 급류, 곧 우리가 조심하지 않으면 우리를 위험한 곳으로 이끌어갈 흐름이라고 생각해보자.

대다수 아프리카 국가들에서 대표적인 거부 신념들은 다음과 같은 주장을 포함한다. ① 기독교는 '백인의' 종교다. ② 아프리카 사람들은 기독교의 도래 이전에 그들 나름의 종교들과 예배방식을 갖고 있었다. ③ 서양이 아프리카를

---

19. Hunter, *To Change the World*, 41.

식민지로 삼기 위해 기독교를 이용했다. ④ 이슬람교가 기독교보다 아프리카 문화에 더 가깝다. 그리고 ⑤ 전통적인 아프리카 신념들이 세계를 더 잘 설명한다. 많은 아시아 국가들에서는 이런 대표적인 거부 신념들이 있다. ① 아프리카의 많은 정서와 비슷하게 기독교는 '백인의' 종교며, '자본주의-제국주의 책략'의 일부 내지는 '대중의 아편'으로서 그 역할을 담당한다. ② 기독교는 자기희생과 자기부인을 장려하기 때문에 약자를 위한 신앙이다. 그래서 오늘날 경쟁적인 세계에 어울리지 않는 한물간 신앙이다. 켈러는 서양에 있는 일곱 가지 거부 신념들(서양의 영향을 많이 받은 나라들과 특히 대학교들로 확장되고 있는 신념들)을 열거하는데,[20] 이는 대체로 다음 네 가지로 정리될 수 있다. ① 성경의 하나님은 도덕적 괴물이다. ② 고통과 지옥의 문제는 경배를 받을 만한 하나님과 양립할 수 없다. ③ 기적은 불가능하거나 비합리적이거나 또는 명백히 불필요하다. 그리고 ④ 단 하나의 참된 종교는 없다. 이런 불평은 세계의 다른 지역들에서도 자주 들을 수 있다. 당신의 문화에는 어떤 거부 신념들이 있는가?

대학교에 몸담은 그리스도인 학자들이 맡은 과업에는 진단사(diagnostician)가 되는 것도 포함된다. 즉, 복음에 대한 수용성을 약화시키는 개념과 신념들을 밝히고, 저평가된 주요 개념들을 재활시켜 복음에 대한 수용성을 키우는 재활치료사가 되는 것이다(이 주제에 관해서는 8장에서 더 살펴볼 예정이다).[21]

말릭의 말은 1980년과 마찬가지로 오늘날에도 우리에게 도전을 준다. "깨어나라, 내 친구들이여, 깨어나라. 대규모 대학교들이 세계의 지성을 통제하고 있다."[22]

---

20. Keller, *The Reason for God, Chaps.* 1-7.
21. Ganssle, "Making the Gospel Connection," 6-16.
22. Malik, "The Two Tasks," 65.

3. 대학교와 세계의 필요

2010년 1월, 아이티에서는 끔찍한 지진이 발생한 후 깨끗한 물을 구하기가 어려웠다. 그 결과 많은 마을의 아이들이 온갖 질병에 시달렸다. 기침, 흐르는 콧물, 그리고 만성 설사에서 몸을 쇠약케 하는 질병들과 죽음에 이르기까지 고통이 무척 심했다. 전기가 없으면 정수 시스템도 소용이 없었다. 기계공학 교수 (엠브리-리들 항공대학교) 마크 컴페레가 깨끗한 물이 필요하다는 소식을 듣자 몇 명의 학생들과 함께 태양광 정수 시설을 지었고, 2010년 여름에는 학생들과 아이티에 가서 새로운 정수기를 설치했다.[23] 김진경박사(현재 경제학 교수)는 남한 군인이었던 1950년, 파편에 맞은 채 북한 전쟁터에서 죽어가고 있을 때, 하나님께 "제가 살아난다면 그 사랑을 나의 적들에게 되돌려주겠습니다."라고 약속했다. 결국 그는 호된 시련에도 생존했다! 거의 60년이 흐른 2010년, 「크리스천 사이언스 모니터」 특파원 지오프리 케인은 김박사가 죽어가면서 맹세한 것을 이행한 이야기를 들려준다.

김박사는 그의 약속을 지키되 가장 냉소적인 사람들도 입이 딱 벌어지게 만드는 방식으로 그렇게 했다. 그는 공산주의 국가인 북한에 사적 기금으로 세운 최초의 대학교인 평양과학기술대학교(PUST)의 설립자이며, 이는 수도인 평양에 소재한 3500만 달러의 대학원 대학교로서 [2010년] 4월에 강의가 시작될 예정이다.[24]

---

23. Circelli, "Embry-Riddle's Project Haiti helps bring clean water to those in need," para. 5. "Project Haiti"는 지난 4년 동안에도 아이티에 태양광 정수를 계속 공급해왔다. http://sites.google.com/site/comperem/home/project-haiti.

24. Geoffrey Cain, "Former Prisoner of North Korea Builds University for his Former Captors" (https://www.csmonitro.com/World/Making-a-difference/2010/0216/Former-prisoner-of-North-Korea-

세상에 꼭 필요한 것들. 교수들과 학생들이 다함께 일해서 변화를 일으키는 것. 이 얼마나 놀라운 모습인가.

우리는 복음의 진보라는 견지에서 대학교의 중요성에 대해 생각하는 중이다. 그중에서 다음의 세 번째 이유는 아마 이해하기가 가장 쉬울 것이다. 곧 대학교에는 세상의 필요를 충족시킬 수 있는 자원들(지적인 것과 경제적인 것)이 있다는 것이다. 질병에 대한 치료책을 찾고 싶은가? 대학교에 기대를 걸라. 제조업에서 분배 과정을 개선하고(아울러 경제에 가치를 더하고) 싶은가? 대학교에 기대를 걸라. 대체 연료(코코넛 기름을 포함해[25])를 활용하는 법을 알고 싶은가? 대학교에 기대를 걸라. 휴대용 정수 테크놀로지를 개발하고 싶은가? 대학교에 기대를 걸라. 인간을 화성에 보낼 수 있는 우주선을 개발하고 싶은가? 대학교에 기대를 걸라. 중동의 정치 환경을 이해하고 싶은가? 대학교를 지켜보라.

이는 낯익은 그림이다. 대학 교수들은 문화를 만드는 엘리트 기관의 멤버들로서 지식을 전수하고, 새로운 테크놀로지를 개발하고, 세계적 기아를 해결하고, 미개척 분야를 탐구하고, 우리의 과거와 과거가 미래에 영향을 주는 방식을 이해하도록 돕기 위해 부름을 받았다. 충분한 시간과 재정만 주어진다면, 과연 대학교가 수행할 수 없는 일, 해결할 수 없는 문제, 그리고 충족시킬 수 없는 필요가 있을지 모르겠다. 혹시 대학교는 그 지식과 전문기술을 지닌 사회의 대리 구원자가 아닐까 하는 생각까지 든다!

이런 생각은 그냥 지나가게 두자. 대학교 자체로는 우리의 최고의 필요(예수님)를 결코 충족시키지 못할 것이다. 하지만 대학교가 세상의 실제적인 필요를

---

builds-university-for-his-former-captors).

25. 기계공학 교수(베일러대학교) 월터 브래들리(Walter Bradley)가 코코넛 기름을 이용해 파푸아뉴기니에 전기를 공급하려고 일하는 모습에 관한 이야기는 다음 글을 참고하라. Walter Bradley, "A Christian Professor in the Secular Academy," 123-25.

충족시킬 수 있다는 것은 사실이고, 이 사실은 그리스도인 교수들이 기쁘게 받아들일 수 있는 것이다. 실제로 샬롬의 대리자인 우리는 기독교 전통에서 필요를 충족시키는 동기를 찾을 수 있다. 이는 하나님이 우리에게 주신 선교적 삶에 포함되는 것으로서, 곧 우리가 모든 사람에게 구속과 회복을 가져오시는 그분의 손길에 합류하는 것이다. 컴페레 교수로 하여금 아이티에 태양광 테크놀로지를 가져가게 하고, 김교수로 하여금 북한에 대학교를 설립하게 한 것은 바로 이런 선교적 사고방식이었다. 그리고 무엇보다 "그리스도의 사랑"(고후5:14)이야말로 참으로 필요를 충족시키게 하는 강력한 동기다. 그리스도인들이 하나님의 마음을 품을 때는 가난한 자, 억압받는 자, 그리고 무엇보다 낙담한 자의 필요에 큰 부담을 느끼지 않을 수 없다. 그리고 이런 신체적(그리고 영적인) 필요를 충족시키고픈 열망은 그리스도의 깃발 아래 연구를 실행하게 하는 강력한 동기가된다. 여기서 우리가 그릇된 이분법에 빠지면 안 된다. 예수님은 사람들의 신체적 필요와 영적인 필요를 모두 충족시키는 데 관심이 있으시며, 따라서 그분은 그분과 함께 이 사명을 수행하도록 대학 교수들을 초대하신다.

4. 예수 그리스도와 대학교

그러면 대학교에서 그리스도를 신실하게 섬기는 것이 가능한가? 그렇다. 확실히 가능하다! 예수님이 만유를 다스리는 주님이시라면, "우리의 삶에서 이 하나님의 통치 아래 가져오면 안 되는 것과 가져올 수 없는 것은 하나도 없다."[26] 성스러운 것/세속적인 것의 분열은 없다. 주일 기독교와 평일 기독교의 분열도

---

26. Hirsch, *The Forgotten Ways*, 97.

없다. 사실은 (피시의 주장과 반대로) 우리의 시간 중에 우리의 소유는 없다. 모두 하나님의 것이다. 우리는 대학교의 중요성을 다루면서 신실한 삶의 모습을 보기 시작한다. 그것은 학생들과 동료들을 사랑하고 그들에게 예수님을 가리키는 일을 포함한다. 그리고 양호한 진단사와 관념 및 사상 패턴의 재활치료사가 되어 대학교와 문화 전반에서 복음의 수용성에 주의를 기울이는 것을 포함한다. 이른바 상아탑에서 벗어나 복음이 뿌리를 내리지 못한 저 건너편과 길거리와 세계 전역의 필요를 충족시키는 일을 포함한다. 이 모든 일은 "그리스도의 사랑이 강권해서"(고후5:14) 행하게 된다. 이는 단지 자기를 위해서 또는 경력에 한 줄을 더 쓰기 위해서 행하는 일이 아니다. 나는 대학 교수들이 실로 세계 인구의 0.5 퍼센트를 차지하는 강력한 집단이라고, 또한 세계를 움직일 수 있는 아르키메데스의 지렛대라고 믿는다. 우리 다함께 하나님이 어떻게 우리를 샬롬의 일꾼으로 사용하실 수 있을지를 상상하고, 그분이 우리를 쓰시는 모습을 머릿속으로 그려보자.

5. 이 책을 내던져라!

1850년, 해리엇 비처 스토는 39세로 미국의 메인 주 브런스윅에 살고 있던 무명의 작가였다. 그해 말 해리엇은 당시에 오빠 에드워드 비처와 함께 노예제 폐지 운동에 깊이 참여하던 올케(에드워드 비처 부인)에게서 편지를 받았다. 비처 부인은 근본적으로 노예제를 찬성하는 법안, 이른바 "1850년 타협안"이 통과된 것에 격노했다. 노예제 폐지 운동이 정치적인 기반을 잃고 있다는 것을 인식한 그녀는 방향을 드라마와 '해티'(그녀의 가족이 해리엇을 부른 이름)에게로 돌렸다. "내가 너만큼 펜을 쓸 수 있다면, 온 국민이 노예제가 얼마나 저주할 만한 것인지를 느끼게 해줄 무언가를 쓰겠다."[27] 해리엇은 이 글을 읽고서 벌떡 일어나 한 손으로 편지를 꽉 쥔 채 "내가 무언가를 쓰겠다. …… 내가 살아있다면 그렇게 하겠다."[28]라고 열정적으로 서약했다고 한다. 그 결과가 바로 그녀의 첫 소설 『엉클 톰의 오두막』이며, 이는 순식간에 베스트셀러가 되어 마침내 미국의 노예제 폐지로 이끈 논쟁에 불을 붙여서 노예제 반대운동에 활기를 불어넣었다.[29]

내가 이 책을 쓰는 것은 당신에게서 그와 비슷한 반응을 끌어내기 위해서다. 당신이 잃어버린 자의 곤경과 당신 앞에 놓인 기회를 생각할 때, 이 책을 들고 땅에 내던지면서(편지처럼 꽉 잡기는 어려우니까) 이렇게 열정적으로 서약하길 바라고 기도한다. "나는 교수로서 무슨 일이 있어도 그리스도를 위해 살겠다. 나는 나의 정체성과 희망을 그리스도 안에서 찾고, 나의 가르침, 인간관계, 섬김, 그리고 연구를 통해 하나님의 영광과 잃어버린 자를 위해 다른 이들에게 그리스도를 가리키겠다." 이제 이 책을 다시 집어 들고 계속 읽어가기를 바란다. 우리 다 함께 대학교라는 맥락에서 선교적 삶을 사는 것이 어떤 모습인지를 살펴보도록 하자.

---

27. Douglas, "Introduction," 8.
28. 위와 같음.
29. 링컨은 1863년에 스토를 "이 큰 전쟁을 만든 작은 숙녀"로 영접했다. 같은 책, 19.

토론을 위한 질문

1. 대학교에 대한 디플레이션적 견해가 교수의 역할과 관련하여 당신의 생각을 어떻게 형성시켰는가?

2. 베리는 대학교가 전통적으로 인간성을 만드는 곳이라고 말한다. 이는 무슨 뜻인가? 이는 복음과 어떤 연관성이 있는가?

3. 대학교가 인간성을 빚어내는 곳이라는 주장에 당신은 동의하는가, 동의하지 않는가? 왜 그러한가? 교수들은 의식적으로든 무의식적으로든 학생들에게 도덕적 안내자의 역할을 한다는 호크마의 주장에 당신은 동의하는가, 동의하지 않는가?

4. 대학교는 어떤 면에서 당신 지역의 문화를 형성하는 지성의 역할을 하는가?

5. 당신이 속한 학문분야에는 기독교에 대한 어떤 거부 신념들이 있는가? 이런 거부 신념들에 대해 학문적 반응과 대중적 반응은 각각 어떠한가? 이 단락에서 열거한 거부 신념들 이외의 다른 거부 신념을 당신이 알고 있다면 얘기해보라.

6. 당신의 학문분야가 다루고 있는 세상의 물리적 필요는 무엇인가? 당신의 분야에서 얻은 자원과 지식 가운데 세상의 필요를 충족시키기 위해 응용할 수 있는 것이 있다면 구체적으로 말해보라.

7. 당신은 대체로 대학교와 특히 교수들이 세상에 엄청난 영향을 미친다고 확신하는가? 당신은 자기가 그 강력한 0.5퍼센트의 일부라고 자각하는가? 이 사실을 안다면 당신은 어떻게 그리스도인답게 활동해야 할 것 같은가?

4장
그리스도인 학자와 지성

형상으로 간주되는 하나님의 모양이 발견되는 곳은 오직 이성적 피조물에
서뿐이다. …… 신적 본성의 모양에 관한 한, 이성적 피조물은 여하튼 그가
존재하고 살아있다는 점뿐만 아니라 특히 그가 이해한다는 점에서 하나님
을 본받기 때문에 [그] 유형의 대표에 이르는 듯하다.

_토마스 아퀴나스, 『신학대전』 Ia. Q.93 a.6

그[그리스도] 안에는 지혜와 지식의 모든 보화가 감추어져 있느니라

_골로새서 2장 3절

1963년에 해리 블레마이어즈는 이렇게 한탄했다. "세속적 지성과는 대조적
으로, 일관되고 인식될 수 있는 영향력으로서 우리의 사회적, 정치적, 또는 문화
적 삶에 풍성하게 작동하는, 살아있는 기독교적 지성은 없다. …… 기독교적 지
성은 존재하지 않는다. …… 오늘날은 저자들이 현대세계와 현대인에 대해 기

독교적으로 성찰하는 집약된 담론 분야가 없다는 것을 시인해야 한다."[1] 역사학자 마크 놀은 1994년에 다음과 같은 거슬리는 말로 기독교적 학문의 상태에 대해 비판하기 시작했다. "복음주의 지성의 스캔들은 복음주의 지성이 별로 없다는 것이다."[2] 좀 더 대중적인 청중을 겨냥한 사회학자 오스 기니스도 1994년에 그리스도인들이 자기네 지성의 개발보다 자기네 몸에 더 관심이 많다고 주장했다. "복음주의적 반(反)지성주의는 스캔들인 동시에 하나의 죄다. 이는 진지한 사람들이 기독교 신앙을 고려해서 그리스도께 나오지 못하도록 불필요하게 방해하는 걸림돌이자 범죄라는 의미에서 하나의 스캔들이다. 이는 주 우리 하나님을 우리의 지성으로 사랑하라는 예수님의 두 가지 큰 계명 중 첫째 것과 상반되는 거부반응이기 때문에 하나의 죄다."[3] 이와 마찬가지로, 철학자 J. P. 모어랜드도 1997년에 "성경과 교회역사와 상식으로 판단하건대, 개인적 제자도와 집합적 교회생활을 위한 이성의 가치와 지적 발달에 관한 우리의 현대적 이해에 무언가가 잘못된 것이 분명하다."[4]라는 의견을 내놓았다. 무언가가 잘못되었다. 대체로 그리스도인들은 지적인 미덕을 갖고 있지 않고, 인생의 영구적인 질문들에 대해 기독교적으로 생각할 준비도 되어 있지 않다. 그 결과는, 우리가 살펴볼 것처럼, 하나의 비극이다. 그리스도인 학자들도 신앙의 문제에 관한 한, 이런 반지성주의(이는 종종 지적 무기력이나 엄밀성의 부족이라는 형태를 띤다)에서 면제되지 않는다. 우리는 종종 역사적 기독교의 중심적 가르침을 학문적 삶과 단절된 주관적 신념의 사유화된 영역으로 격하시키거나, 또는 기독교를 초연한(disengaged) 입장, 즉 질문을 제기하고 지적 대화를 나누고 명료성을 탐구하는 등 지적인 자

1. Blamires, *The Christian Mind*, 4, 7.

2. Noll, *The Scandal*, 3.

3. Guiness, *Fit Bodies, Fat Minds*, 10-11.

4. Moreland, *Love Your God with All Your Mind*, 14.

극 자체를 목적으로 하는 입장에서 접근하는 또 하나의 지식 전통으로 본다.

이번 장에서는 기독교적 지성에 대해 생각하면서 그 지성의 중요성과 학자로서 그 지성을 어떻게 개발할 수 있는지에 대해 성찰하려고 한다.

1. 기독교적 지성의 중요성

1993년 여름이 끝나가고 있었다. 나는 몇 달 동안 아이들을 데리고 4급 급류 타기, 동굴 탐험 등을 지도하는 스포츠 캠프 암벽 등반에 종사하고 있었다. 그리고 텍사스 주 락포트에서 장차 내 아내가 될 에델을 방문하는 중이었다. 우리는 평화롭고 아름다운 8월 아침을 즐기면서 만(灣)에서 요트를 타고 있었다. 그때 돛의 앞부분이 부서지고 말았다. 요트를 타면서 자란 에델은 주돛만 이용해서 해변으로 되돌아가는 긴 과정을 시작했다. 이 지점에서 우리 이야기가 약간 달라진다. 그러나 내가 이야기를 하고 있는 만큼 당신은 나의 방식으로 그것을 듣게 될 것이다. 나는 혼자서 '날씨는 덥고, 우리는 천천히 가고 있잖아.'라고 생각했다. 그래서 에델에게 몸을 기대면서 "우리가 교대로 요트를 움직이고 (다른 사람은) 옆에서 수영하면 시원할 것 같은데?"라고 말했다. 에델은 나의 제안을 일종의 도전으로 기억하지만 확실히 그런 뜻은 아니었다. 그래서 에델은 젊고 무모한 여성처럼 구명조끼도 없이 즉시 물에 뛰어들어 이제 내가 선장이 된 배 옆에서 수영하기 시작했다.

그런데 우리가 미처 계산에 넣지 않은 것이 있었다. 바로 해류였다. 우리는 곧 배가 우리가 생각했던 것보다 더 빨리 움직이고 있다는 사실을 알게 되었다. 내가 깨닫기도 전에 에델은 배로부터 15미터 정도 뒤쳐져 있었다. 나는 배를 돌리려고 했지만 바람과 해류 때문에 그럴 수가 없었다. 이후 30미터나 멀어졌다.

나는 당황하기 시작했다. 야외활동이면 무엇이든 잘했던 나였지만 자그마한 배조차 뒤로 돌릴 수가 없었다. 해류는 점점 강해졌다. 이후 에델은 60미터나 떨어지게 되었고, 배는 바깥 만에서 벗어나 안쪽 만으로 들어가고 있었다. 나중에 그녀는 300미터 멀리 있다가 수평선 위의 작은 점이 되고 말았다. 결국 그녀가 시야에서 사라졌고, 나는 배를 멕시코 만으로 항해하고 있었다. 나는 공포에 빠졌다. 지난밤 한 여성을 익사시키는 꿈을 꾸었던 터라 더욱 그랬다. 그리고 무엇보다 그 상황을 바꿀 힘이 내게 없었다.

감사하게도 에델은 그날 죽지 않았다. 하나님의 섭리로, 육지에 있던 누군가가 나의 작은 요트가 위험한 바다로 향하는 것을 알아채고는 모터보트에 올라탄 채 수색에 나섰다. 그동안 나의 연인은 가까운 게 올가미(crab trap) 쪽으로 헤엄쳐서 부표를 붙잡고 구조를 기다렸다. 마침내 우리는 구조되었다. 그날 밤 나는 처음으로 에델에게 사랑을 고백했다.

내가 우리의 당혹스러운 이야기를 나누는 이유가 있다. 우리 주변에는 당신의 배를 해로운 방향으로 데려갈 수 있는 문화적 해류가 있다. 당신이 그런 해류를 인식하지 못한다면, 당신이 반성하지 않는 무비판적인 삶을 산다면, 당신은 그 해류에 끌려갈 수 있다. 구체적으로 말하면, 오늘날 우리 문화에는 우리가 부지중에 수용한 거짓 관념들이 상당히 많다는 것이다. 우리는 반(反)지성주의라는 위험한 바다에 들어갔고, 이 때문에 기독교는 종종 상관없는 것으로 보이고, 그리스도인들은 종종 영적으로 영양실조에 걸려 불구가 되곤 한다. 특히 다음 두 개의 거짓 관념이 두드러진다.

첫째 관념은 충격적으로 들리겠지만 우리 중 다수가 그것을 믿고 있는 듯하다. 곧 **예수님은 머리가 둔한 사람**이라는 관념이다. 물론 당신은 "나는 결코 예수님을 멍청하다고 생각하지 않소. 그분을 주님으로 경배하고 있단 말이오!"라고 반발할 것이다. 좋다. 표현을 바꿔보겠다. 우리 중 다수는 예수님이 실재의 모든 사안에 대해 말할 만한 지적인 미덕을 갖고 있다고 생각하지 않는 듯하다. 물론 우리는 예수님께 우리의 삶에 대한 영적 권위와 도덕적 권위가 있다고 믿는다. 그러나 지적인 문제에 관한 한 예수님은 대화에 개입할 분이 아니라고 생각한다. 달라스 윌라드는 이렇게 말한다. "예수님에 대한 우리의 헌신은 오로지 그분이 우리의 삶과 우리의 우주에 관한 진리를 알고 계신 분이라는 인식 위에만 설 수 있다. 우리가 예수님이든 또는 다른 누구든 유능하다고 믿지 않는 사안에 대해서는 상대방을 신뢰하는 것이 불가능하다."[5] 우리는 신실하게 교회에 출석하고, 기독교 공연에 가고, 기독교 라디오를 듣고, 웹을 통해 기독교 프로그램을 시청하며, 가정예배를 드린다. 하지만 우리의 지성을 연마할 때는 과학, 좋아하는 정치인, 또는 TV 인기스타의 말을 따르되 예수님은 바라보지 않는다. 그 결과 기독교는 문화의 사이드라인과 변방으로 밀려나서 주변화되었고, 학문 기관에서도 종종 그런 현상이 눈에 띤다. 기독교는 많은 세속 학자들에 의해 망상과 희망적 사고에 불과한 것으로 치부된다. 심지어 예수님을 따르는 이들 중 다수도 그렇게 생각한다.

이런 전환의 일차적 이유는 우리가 더 이상 예수님을 실재의 사안들에 관해 말할 지적 권위를 지니신 분으로 보지 않는다는 데 있다. 그러나 이런 이해는 성경의 증언과 정면으로 모순된다. 요한복음을 통해 우리는 예수님이 신적 로고스, 즉 우주의 합리적 질서의 원리로 이해되는 그 로고스이심을 알게 된다(요 1:1-3). 골로새서에서 바울은 그리스도 안에 "지혜와 지식의 모든 보화가 감추어져 있느니라"(2:3)라고 말한다. 히브리서에서는 예수님이 "하나님의 영광의 광채시요 그 본체의 형상이시라 그의 능력의 말씀으로 만물을 붙드시는"(1:3) 분으로 소개된다. 요컨대, 예수님은 모든 사안들에 관해 말할 지적인 미덕과 권위를 지

---

5. Willard, *The Divine Conspiracy*, 94.

니신 분이다.

이것은 좋은 소식이다. 우리 자녀들은 그리스도인이 되려고 그들의 두뇌를 문 앞에 남겨 둘 필요가 없다. 그리스도인 학자인 우리는 우리 학문분야에 속한 우리의 모든 지식을 성경의 진리와 통합하되 굳이 모순을 우려할 필요가 없다. 2장에서 논의했듯이, 이 확신은 창조의 교리에 근거를 두고 있다. 하나님은 모든 실재의 창조주이신 만큼 발견된 모든 진리(얻은 모든 지식)는 신성을 가리키고 조명해준다. 가령, 당신이 자연법칙을 공부할 때, "우리가 이런 법칙의 하나님에 관해 무엇을 배울 수 있는가?"라고 물어보라. 우리가 퓨마를 공부할 때, "퓨마의 하나님에 관해 무엇을 배울 수 있는가?"라고 물어보라. 우리가 문학, 미술, 역사, 또는 철학을 공부할 때, "세상에 나타난 하나님의 손길을 어떻게 알 수 있는가, 또는 텍스트에 나오는 하나님의 음성을 어떻게 들을 수 있는가?"라고 물어보라.

그렇다. 우리는 아름다운 그리스도를 따르는 사람들이다. 예수님은 우리의 창조주로서, 지탱자로서, 그리고 구속주로서 참으로 아름다운 분이시다. 그런데 그분은 또한 명석한 분이시다. 윌라드가 잘 말했듯이, "그분은 여태껏 살았던 사람들 중에 가장 똑똑한 사람이시다."[6] 우리가 이 명석하고 아름다우신 그리스도를 예배할 때, 우리는 이 세상을 향해 삶의 모든 영역에서 따를 수 있을 만큼 믿을 만한 구원자를 소개하게 될 것이다. 그리고 우리는 더 이상 지식과 상관없는 사람이 되지 않을 것이다.

우리가 경계해야 할 두 번째 거짓 관념은 일반적으로 종교적 주장, 특히 기독교의 주장은 지식 주장(knowledge claims)이 아니라는 관념이다. 기독교는 종종 단순한 신앙적 전통으로 오해를 받고, 거기서 내놓은 관념은 무엇이든 맹목적

---

6. 같은 책, 95.

신앙으로 수용되어야 한다고 간주된다. 하지만 그런 사고방식의 결과는 자명하다. 사람들은 보통 지도할 권리와 공적 행동의 권리, 중요한 과업을 수행할 권리를 지식에 기초해서 얻게 된다. 내가 담당 외과의사에게 자주 탈골되는 어깨를 끼어 맞추도록 허락하는 것은 그가 어깨를 고칠 만한 지식과 능력을 갖고 있기 때문이다. 우리 교수들이 대학교에서 가르칠 기회를 얻은 것은 특정한 주제에 관한 지식을 쌓기 위해 수년을 보냈기 때문이다. 우리가 사람들에게 우리의 자동차, 이빨, 배관, 컴퓨터, 세금 등을 바로잡을 권리를 주는 것은 그들이 적절한 지식을 갖고 있다고 간주하기 때문이다. 만일 기독교가 일련의 주관적인 사유화된 신념들로 간주된다면, 기독교는 결코 관념의 시장에서 진지한 대우를 받을 수 없을 것이다. 기독교 신앙은 사회의 변두리로 밀려날 터이고, 복음은 공정한 발언권을 얻지 못할 것이다.

장로교 성경학자인 그레샴 메이천은 20세기 초에 다음과 같은 예언적인 말을 했다.

> 우리가 종교개혁자의 열정으로 복음을 전한다 할지라도, 만일 우리가 국가나 세계의 집합적 사유가 저항할 수 없는 논리력으로 기독교를 무해한 망상 이상의 어떤 것으로 간주되지 못하도록 막는 그런 관념들에 의해 통제되도록 허용한다면, 단지 여기저기서 낙오자를 얻는 일에만 성공할 따름이다.[7]

세속 대학교와 폭넓은 문화는 모든 지식 또는 적어도 최상의 지식은 과학의 구조에서 생긴다는 거짓 관념에 종속되어 있다. 그런 사고방식을 과학주의(scientism)라 부른다. 이는 편협하기도 하고 인간성에 대해 낮은 견해를 드러낸

---

7. Machen, "Christianity and Culture," 7.

다. 이와 대조적으로, 잠언 1장 1-7절은 다양한 히브리어 단어들을 사용해서 지식, 지혜, 그리고 명철을 묘사하고, 인간의 지적 능력에 대해 풍부하고 다면적인 견해를 제공한다. 올바른 기독교적 반응은 비(非)인지적인 영역으로 물러나는 게 아니라, 인간은 하나님의 형상으로 창조된 고로 실증주의적 경험주의가 허용하는 것보다 훨씬 더 포괄적인 지적 능력을 갖고 있음을 알아채는 것이다. "여호와를 경외하는 것이 지식의 근본이거늘 미련한 자는 지혜와 훈계를 멸시하느니라"(잠1:7). 그리스도인 학자이자 아프리카 철학자인 갓프리 오줌바 교수는 이런 과학주의를 배격하는 올바른 입장을 취한다. 그에 따르면, "종종 ......사회의 문제는 교육적 교과과정이 한쪽으로 기운 것이다. 우리는 과학과 테크놀로지의 업적에 떠밀린 나머지 교과과정에서 영적 차원의 발달을 상당히 무시하는 것처럼 보인다. 하지만 교과과정의 물리적 요소와 영적 요소 사이에 건강한 균형이 있어야 한다."[8] 성경에 따르면, 지식(특히 종교적 지식과 도덕적 지식이지만, 이에 국한되지 않는)의 소유는 인간의 번영에 필수적이다. 우리가 기독교적 지성을 개발할 때, 성경(시119편)과 자연세계(사28:23-29)에서 찾을 수 있는 지식과 지혜, 그리고 예술과 문학과 과학(사19:11-13; 단2:12-13; 5:7)에서 나오는 지식과 지혜가 있다. 인생을 잘 살려면 지식이 너무나 중요하기에 하나님은 호세아 4장 6절에서 이렇게 단호하게 주장하신다. "내 백성이 지식이 없으므로 망하는도다 네가 지식을 버렸으니 나도 너를 버려 내 제사장이 되지 못하게 할 것이요 네가 네 하나님의 율법을 잊었으니 나도 네 자녀들을 잊어버리리라."[9]

우리가 "모든 생각을 사로잡아 그리스도에게 복종하게 하려면"(고후10:5) 실증

---

8. G. O. Ozumba and Jonathan O Chimakonam, *Njikoka Amaka: Further Discussions on the Philosophy of Integrative Humanism: A Contribution to African and Intercultural Philosophies* (Calabar Nigeria: 3rd Logic Option Publishing, 2014), 100.

9. 그리스도인의 삶에서 지식의 중요성에 관한 주요한 성경구절들을 개관한 것을 보려면 Moreland, *Love Your God with All Your Mind*, 60-67을 참고하라.

주의적 경험주의와 상대주의 같은 거짓 관념들을 마땅히 배격해야 한다. 우리가 기독교적 지성을 개발할 때, 우리는 예수님을 실재의 모든 사안들에 관해 말할 수 있는 지적인 미덕을 소유한 명석하신 분으로, 그리고 기독교를 주관적 신념과 추종자들의 소원에 관해 말할 뿐 아니라 실재의 본질에 관해 주장하는 하나의 지식 전통으로 보기 시작할 것이다. 그렇게 하면 그리스도인들은 더 이상 지식과 상관없는 존재가 되지 않고, 복음은 공정한 발언권을 얻게 될 것이다.

기독교적 지성의 개발은 또한 우리를 영적 온전함의 반대편에 있는 영적 불구상태에 빠지지 않게 지켜줄 것이다. 여태껏 영적 변화를 다룬 가장 중요한 텍스트 중 하나에서 사도 바울은 지성을 가장 중요한 위치에 둔다.

> 그러므로 형제들아 내가 하나님의 모든 자비하심으로 너희를 권하노니 너
> 희 몸을 하나님이 기뻐하시는 거룩한 산 제물로 드리라 이는 너희가 드릴
> 영적 예배니라 너희는 이 세대를 본받지 말고 오직 마음(mind)을 새롭게 함
> 으로 변화를 받아 하나님의 선하시고 기뻐하시고 온전하신 뜻이 무엇인지
> 분별하도록 하라(롬12:1-2)

변화는 마음[지성]에서 시작된다. 마음은 우리의 행위와 성품 형성에 필수적인 모든 것, 즉 이성, 사유, 감정, 가치, 욕구, 그리고 신념을 담고 있는 영혼의 기능이다. 그래서 프랜시스 쉐퍼는 고전인 『그러면 우리는 어떻게 살 것인가?』에서 이렇게 말한다. "사람들은 지성의 내면생활에서 제각기 독특하다. 사유 세계에서 그들이 누구인가가 그들이 어떻게 행동하는지를 결정한다. …… 그들의 사유 세계의 결과들이 그들의 손가락을 통해 또는 그들의 혀로부터 외부 세계로

흘러들어간다."[10] 여기에다 나는 이렇게 덧붙이고 싶다. "그리고 그들의 사유와 행동의 결과는 결국 그들의 성품을 빚어낸다." 우리는 방대한 시공간의 우주 속 지구 위에서 우리의 길을 가는 몸을 가진 복잡한 영혼들이고, 우리의 사랑과 우리의 삶이 그 가치에 따라 질서가 잡히길 바라며, 그러한 우리의 의지, 감정, 그리고 사유에 의해 다양한 방향(그리고 때로는 정반대의 방향)으로 끌어당겨지는 존재들이다. 우리는 온전하게 되길 갈망한다. 우리는 그리스도인으로서 그리스도의 형상으로 변화되길 원하고, 본래 인생이 설계되어 있는 방식으로 삶을 경험하고 싶어 한다. 그런즉 우리는 지성을 결코 소홀히 할 수 없다. 그렇게 하면 우리 자신을 영적 변화를 도모하는 하나님의 계획에서 단절시키게 되기 때문이다.

지성은 중요하다. 우리는 오직 원초적 욕망에 좌우되는 짐승이 아니다. 우리는 이성적인 하나님, 곧 그분의 영광을 위해 그리고 그분의 목적을 섬기도록 우리의 머리와 마음을 묶어주시는 하나님이 창조하신 이성적 존재들이다. 우리는 반(反)지성주의를 배격하고, 명석하고 아름다우신 그리스도를 선포하며 추구해야 하고, 지식의 종교적 및 도덕적 근원을 무시하거나 부인하는 얄팍하고 순진한 과학주의를 거부해야 한다. 그리고 우리가 우리의 지성으로 하나님을 사랑할 때, 우리는 더 이상 문화적으로 상관없는 존재와 영적인 불구가 되지 않을 것이다. 그러면 기독교적 지성이란 무엇이고, 우리는 어떻게 그런 지성을 개발할 수 있을까?

---

10. Schaeffer, *How Should We Then Live?*, 19. 이를 "신념은 그 위에서 우리의 삶이 달려가는 레일이다."(*Love Your God with All Your Mind*, 86)라고 말한 모어랜드의 주장과 비교하라.

2. 기독교적 지성의 개발

우리는 온전한 삶과 인간적으로 번영하는 삶을 추구한다. 이제는 그런 삶이 기독교적 지성과 어떤 관계에 있는지를 물어볼 시점이다. 베드로는 베드로후서 1장 5절에서 신자들에게 미덕(*arête*)을 개발하도록 권면하고, 그렇게 하는 이유는 그들이 하나님의 영광과 미덕(*arête*)에 의해(또는 미덕으로) 부름을 받았기 때문이라고 한다(벧후1:3).[11] 우리는 어떤 종류의 사람(덕스러운 사람)이 되도록 부름을 받았고, 이 부름은 하나님의 덕스러운 성품에 근거를 두고 있다. 우리는 하나님의 형상으로 지음을 받은 만큼 점점 더 하나님을 닮아가도록 부름을 받은 것이다. 우리는 예수님의 견습생으로서 그분의 발걸음을 따라간다. 그리스도처럼 우리 역시 지적으로 또 도덕적으로 덕스러운 존재가 되어야 마땅하다. 그렇게 되면 우리는 진정 "너희 속에 그리스도의 형상이 이루어졌다."(갈4:19)라고 말할 수 있는 그런 사람들이 될 것이다.

J. P. 모어랜드에 따르면, 미덕이란 "특정한 방식으로 행동하거나 생각하거나 느끼는 기술, 습관, 내재된 기질을 말한다. 미덕은 한 사람을 삶의 전반적인 영역에서 훌륭하게 만드는 그 사람의 성품에서 좋은 부분들이다."[12] 이번 장의 나머지 부분에서 우리는 일곱 가지의 지적 미덕에 대해 생각하고, 우리의 학문적 소명의 맥락에서 어떻게 그 미덕 각각을 개발할 수 있을지 탐구하게 될 것이다. 필립 다우가 『덕스러운 지성(*Virtuous Minds*)』에서 제공한 분류법에 따라 일곱 가지 지성을 열거하면, 지적 용기, 지적 신중함, 지적 끈기, 지적 공정함, 지적 호기심, 지적 정직성, 그리고 지적 겸손이다. 이런 미덕들 각각을 이해하면, 당신이

---

11. Köstenberger, *Excellence*, 43-44.
12. Moreland, *Love Your God with All Your Mind*, 121.

기독교적 지성을 개발할 때 무엇을 목표로 삼아야 할지 분명히 알게 될 것이다.

1) 지적인 용기

우리가 용기에 대해 생각하면 보통 이런 이미지들이 떠오른다. 군인들이 용감하게 전쟁터로 달려가는 모습, 소방관들이 불타는 빌딩 속으로 돌진하는 모습, 또는 신자들이 해변에서 참수되거나 총살되기 전에 변절하길 거부하는 모습 등이다.[13] 우리는 일반적으로 외로운 학자가 책상에 앉아 글을 읽고 글을 쓰는, 용기 있는 모습에 대해서는 생각하지 않는다. 하지만 대학교에서 그리스도께 신실하려면 지적 용기의 미덕이 반드시 필요한 것이 현실이다. 즉, 한편으로 순응주의와 다른 한편으로 독단주의를 피하면서 진리를 추구하고 구현하며 진리를 위해 꿋꿋하게 서려면 그런 용기가 필요하다는 말이다.

한편으로, 세계 대다수의 지역에서 학문적으로 존경받는 지위를 유지하려면 우리의 기독교적 온전함을 희생하라는 엄청난 압력이 존재한다. 오늘날은 세속주의(자연주의나 포스트모더니즘의 옷을 입은)가 세계 대다수의 대학교에서 지배적인 세계관이다. 물론 세속주의는 성경적 기독교와 상충한다. 그래서 그리스도인 학자들은 전통적인 기독교 교리를 버리고 부지중에 복음의 타당성을 깎아내리는 세속주의의 헤게모니와 어울리는 용인된 견해를 수용하라는 엄청난 압력을 느끼곤 한다. 예컨대, 아담과 하와의 역사적 실재에 대한 믿음을 버리는 것, 인간의 몸과 영혼의 이중성을 배격하는 것, 동성애의 전적 수용에 대한 촉구 등이다. 현재 나의 관심사는 전통적인 견해들의 참 또는 거짓이 아니라 그런 견해를 쉽게 저버리는 모습이다. 모어랜드는 이렇게 말한다. 그런 견해들이 오류가 없지는 않아도,

---

13. 이런 예들은 Dow, *Virtuous Minds*, 27에서 끌어왔다.

그래도 우리는 특히 다음 두 가지 요소가 있을 때는 교회가 오랫동안 견지해온 것을 개정하는 일에 매우 신중해야 하고 또 저항해야 한다. ① 현재 사용 가능한, 전통적 견해에 대한 지적으로 탄탄한 변호가 존재할 때, ② 우리가 문화적으로나 학문적으로 존경을 받으려면 세속 친구들과 동료들이 우리에게 성경이 가르쳐야만 한다고 말하는 대로 성경은 항상 가르쳤다는 것을 '찾아야' 한다는 정치적으로 올바른 압력이 갑자기 있을 때다.[14]

교회의 일반 신자는 그리스도인 학자를 기독교의 대변인으로 우러러 보는데, 우리가 교회의 전통적 견해를 빠르게 배격할 경우 의심의 눈초리를 받게 되는 것은 충분히 이해할 만하다. 신약학자 안드레아스 쾨스텐버거는 우리에게 자문할 중요한 질문은 "누구의 승인이 정말로 중요한가? …… 우리가 정말로 누구를 기쁘게 하려고 애쓰는가?"[15]라고 주장한다. 결국 타당한 진리가 우리에게 전통적인 기독교 교리에 대한 우리의 견해를 교정하도록 요구한다면, 그렇게 해도 좋다. 기독교는 그런 문제를 다룰 수 있다. 그런데 지적인 용기는 우리에게 어쩌다 지배적인 패러다임이 된 특정한 견해를 채택하는 우리의 마음과 동기를 점검하도록 요구한다. 하나님의 승인이 과연 당신의 삶에서 가장 중요한가? 당신의 이론적 탐구는 성경의 권위에 제약을 받는가?

그리스도께 신실하려면 순응주의의 유혹에 직면할 때 지적 용기를 품어야 할 것이다. 아울러 종종 교회에 스며드는 반지성주의적 분위기에서 조성된 단순하고 독단적인 사고방식에 직면할 때도 지적 용기가 반드시 필요하다. 뉘앙스와 정교한 차별성은 독단주의의 친구가 아니다. 우리는 교회에서 존경받는 교인이 되고 싶어 하기 때문에 부차적인 사안을 제일 중요한 사안으로, 비본질적인 사

---

14. Moreland, "Afterword," 235. Trueman, *The Real Scandal of the Evengelical Mind*도 보라.
15. Köstenberger, *Excellence*, 109.

안을 본질적인 사안으로 만들고픈 유혹, 그리고 율법주의적인 의로움으로 복음 중심적인 삶과 은혜 충만한 관계를 대체하도록 만들고픈 유혹에 저항해야 한다.

2) 지적인 신중함

빨리 돌아가고 이미지가 넘치는 세상에서 갈수록 보기 드문 또 하나의 미덕은 지적 신중함이라는 미덕이다. 우리는 정보의 홍수에 빠져있으나 지식과 지혜는 여전히 붙잡기 어렵다. 누구나 트윗, 블로그, 페이스북 업데이트를 실행하고 위키피디아를 편집해서 지식을 나눠주고 있는 것처럼 착각할 수 있다. 하지만 사실은 모두 140자 이내로 하찮은 것, 의견, 또는 지혜로 가장된 어리석음을 내놓는 경우가 더 많다.

이를 사도 바울이 아테네에서 행한 연설과 대조해보라. 바울은 헬라인의 종교적 성향을 인정하면서 연설을 시작한다. "아덴[아테네] 사람들아 너희를 보니 범사에 종교심이 많도다 내가 두루 다니며 너희가 위하는 것들을 [신중하게] **보다가** 알지 못하는 신에게라고 새긴 단도 보았으니 그런즉 너희가 알지 못하고 위하는 그것을 내가 너희에게 알게 하리라"(행17:22-23). '신중하게 보았다'라는 어구는 빈틈없는, 의도적인 관찰을 의미한다. 즉 바울이 숙제를 다 했다는 뜻이다. 그는 복음을 전하고 싶은 문화를 신중하게 조사했고, 그 결과 당시에 가장 유식한 사람들 앞에 담대하게 서서 참된 하나님을 선포할 수 있었다. 바울은 신중함이란 지적 미덕을 지니고 있었고, 이는 복음전도자로서 그의 효과적인 사역에 적지 않게 기여했다.

우리가 지적 신중함이라는 미덕을 개발하려면 빠르게 돌아가는 대학교에서 속도를 줄이겠다는 결단이 필요하다. 찰스 말릭은 수년 전에 이렇게 말했다.

대학교에서는 학생들과 교수들 모두 늘 서두른다. 그들은 어딘가로 가야 한다! 어딘지는 하나님이 아신다! 그들은 그들이 있는 곳에서 안식할 수 없다! "가만히 있어 내가 하나님 됨을 알지어다"라는 말씀을 그들은 모른다. …… 마감일을 맞춰야 하고, 원고를 완성해야 하고, 논문을 개정해야 하고, 회의에 참석해야 하고, 약속을 지켜야 하고, 뉴스를 따라잡아야 하고, 발전양상을 지켜봐야 하고, 최근 문헌을 섭렵해야 하고, 그들의 지위와 장래에 대한 불안을 완화시켜야 한다. 그런즉 그들은 당신에게 단 5분밖에 줄 수 없다! 그리고 그 5분 동안에도 그들의 마음은 당신에게 집중하지 못한다.[16]

미친 듯이 돌아가는 대학교의 현실을 감안하면 무슨 일이든 완수해야 한다는 압력을 느끼게 된다. 그리고 그 유혹은 연구 작업에서 증거를 피상적으로 검토하고, 그런 검토에 기초해 성급한 판단을 내리게 한다.[17] 또한 신앙의 진리와 관련해서 그 유혹은 피상적인 이해에 머무르게 하고, 그래서 학문분야의 세부사항과 우리 신앙의 세부사항 사이를 신중하게 연관 짓지 못하게 한다. 이는 매우 부정적인 영향을 미쳐 결함 있는 학문의 형태로 나타나고, 그리스도의 이름을 모욕하는 결과를 낳게 된다.

3) 지적인 끈기

내가 철학을 가르치면서 놀라곤 하는 현상이 있다. 많은 학생들에게는 복잡한 관념의 줄을 엮어 하나의 논증으로 만드는 것이 너무나 어렵다는 사실이다. 종종 학생들에게 구별 짓는 능력, 난해한 지적 문제를 끝까지 풀 수 있는 능력, 또는 상당한 기간에 걸쳐 주어진 주제를 인내하며 방법론적으로 깊이 파고드는

---

16. Malik, *A Christian Critique*, 80.
17. 알렉산더 솔제니친은 지적인 성급함이 '조급한, 미성숙한, 피상적인, 그리고 오도하는 판단'을 초래한다고 표현했다. Dow, *Virtuous Minds*, 36에 인용됨. '지적인 성급함'에 대해 더 알려면 같은 책, 36-38을 보라.

능력이 없다. 이런 학생들은 지적인 끈기라는 미덕이 부족하다. 그런데 흔히들 지적 끈기의 미덕을 찾아야 할 곳이 있다면, 그것은 학자들 가운데 있을 것이라고 말한다! 박사 과정을 완수하려면 고된 노력이 필요하다. 그리고 끈기와 부지런함, 인내, 변함없음, 참을성이 필요하다. 게다가 종신 교수직을 얻으려면 본인의 연구 실적이 많아야 할 뿐만 아니라 새로워야 한다. 즉 최첨단에 서야 하며 그런 인정도 받아야 한다는 말이다. 또는 어떤 곳에서는 대학 당국이 어느 학과에게 해마다 특정한 수의 박사들을 배출해야 한다고 요구하기 때문에 그리스도인 교수가 장기적인 끈기를 유지하는 것은 힘겨운 일이 아닐 수 없다. 나도 동의한다. 학자로서 살아남고 성공하려면 대단한 지적 끈기가 필요하다. 그런데 내 염려는 약간 다른 방향으로 나간다.

(지적인 또는 다른) 끈기는 부정적인 면을 지닐 수 있다. 모든 지적인 미덕처럼 끈질긴 사고방식이 이기적인 목적을 겨냥한다면 해로울 수 있다. 만일 궁극적 목표가 그리스도의 깃발 아래서 진(眞), 선(善), 미(美)를 추구하는 것이라면, 끈질긴 지적 성품은 덕스럽고 칭송받을 만하다. 그러나 오늘날 고도로 경쟁적인 대학 사회에서 지적인 끈기는 **육신적인 마음**에 의해 이용될 수 있다. 이는 단지 자기 경력을 쌓고 본인의 자아를 드높이기 위해 학문적 성공과 명망을 향해 가다가 결국 고통스러운 깨어진 관계를 초래하는 등 육신의 지배를 받고 육신에 전념하는 마음(엡2:1-3)을 말한다. 따라서 육신적인 마음(그리스도인 학자의 삶에 있든, 다른 곳에 있든)이 **분리된** 마음인 것은 놀랄 일이 아니다. "그는 머리에 붙어 있지 않습니다. 온 몸은 머리이신 그리스도로부터 각 마디와 힘줄을 통하여 영양을 공급받고, 서로 연결되어서 하나님께서 자라게 하시는 대로 자라나는 것입니다"(골2:19, 새번역).[18] 철학자 리처드 데이비스는 이렇게 표현한다. "경쟁과 비교……는 그처

---

18. Davis, "Christian Philosophy: For Whose Sake?"

럼 치명적인 영적 암이다. 그것은 머리(the Head)와의 관계를 끊고 본인의 영적 공기 공급을 단절시킨다."[19] 우리 모두 끈질기게 그리스도를 따르고, 우리의 연구 프로젝트가 우리의 영광이 아니라 그분의 영광을 위해 수행되도록 하자.

4) 지적인 공정함

현대의 대학교는 놀랍게도 지적인 다양성이 부족하다. 자유주의 사상과 세속적 사상이 너무도 만연되어 있어서 획일적인 집단 사고와 편협성이 흔하고, 현상유지에 순응하거나 침묵을 지키라는 압력이 상당히 많다.[20] 이런 상황에서 우리 그리스도인 교수들은 방어적인 자세를 취하고는 자유주의, 세속주의, 무신론, 심지어 악마적인 좌파를 희화화해서 비하하기가 쉽다.

지적 공정함의 미덕은 우리와 의견이 다른 사람들의 말을 공정하게 경청할 것을 요구한다.[21] 우리는 다른 입장을 이해하려고 애쓰고 우리의 대적에 대해 허수아비 논증을 세우지 않도록 노력할 필요가 있다. 그렇지 않으면 우리는 금방 (종종 독선적인) 논박을 받게 된다. 어쩌면 다른 관점에 공정하게 열려 있으면 상대주의로 귀결될 수 있다고 염려할지 모르겠다. 또는 우리의 심리적 편견을 감안하면 그런 공정함이 가능하지 않다고 염려할 수도 있다. 하지만 두 가지 염려는 모두 정당하지 않다. 공정한 자세를 취하는 것은 우리가 발견할 객관적 진리가 있다는 믿음과 일치한다. 게다가 비록 심리적 편견이 있다 해도 합리적 객

---

19. 같은 책, 5.

20. 미국 대학교의 이른바 세속화 현상은 다음 책들에 잘 입증되어 있다. 즉 Marsden의 *The Soul of the University*, Reuben의 *The Making of the Modern University*, Summerville의 *The Decline of the Secular University* 등이다. 그러나 최근 연구들은 교수진이 흔히 생각하는 만큼 세속적이지 않다는 사실을 보여주고 있다. Neil Gross and Solon Simmons, "The Religious Convictions of College and University Professors."

21. Dow, *Virtuous Minds*, 49.

관성을 유지하는 것이 가능하다. 우리의 편견은 우리의 지성과 객관적 세계 사이에 넘을 수 없는 담으로 서 있는 것이 아니다.[22] 공정하게 되는 것은 황금률을 적용한 하나의 사례다. 남들이 우리와 우리의 견해를 공정하고 관대하게 대우하길 원하듯이, 그 보답으로 우리도 그와 같이 대우해야 한다. 이를 리처드 마우 교수는 "신념 있는 시민교양"이라 부르는데, 그 결과 대적의 존경을 얻는 유익을 덤으로 선사받을 수도 있다.

5) 지적인 호기심

아리스토텔레스는 『형이상학』을 "모든 사람은 알고 싶어 한다."라는 주장으로 시작한다. 이는 사실이지만 세계 대다수의 문화에서는 이런 욕구가 대체로 억압받아왔다.[23]

우리는 지적 호기심 대신에 무관심을 발견할 때가 더 많다. 예컨대, 내가 퍼듀대학교의 대학원생 시절에 철학을 가르치며 목격한 바는 매학기 무신론과 불가지론을 견지하던 학생들이 증거를 조사한 후 불신(신앙의 부족)에서 신앙으로 이동하는 모습이었다. 이런 변화는 어깨를 으쓱거리며 "그래서 어떻다는 거지? 하나님은 존재해."라는 반응도 수반한다. 우리 시대를 특징짓는 경외심과 경이감과 호기심의 부족을 어떻게 설명할 수 있을까? 하나님(영구히 새로운 것)에 대한 믿음이 어떻게 학생들에게서 그런 무관심을 끌어낼 수 있을까?

하나의 이유는 우리가 극적인 삶에 대한 비전을 상실했다는 데 있다. 우리는 의미와 행복을 찾기 위해 영화나 책이나 스포츠에 의존한 채 남을 통한 대리 인

---

22. 심리적 편견과 합리적 객관성에 관해 더 알고 싶으면 Moreland, *Kingdom Triangle*, 78-80을 보라.
23. 진리를 향한 인간의 갈망이 오늘날 어떻게 억압되고 있는지에 관해 더 알고 싶으면 다음 책을 참고하라. Paul Gould, *Cultural Apologetics: Renewing the Christian Voice, Conscience, and Imagination* (Grand Rapids, MI: Zondervan, 2019), chapter 5.

생을 사는 경우가 너무나 많다. 그리고 이런 대리 인생의 결과는 무관심과 진정한 호기심의 부족이다. 우리 인생을 하나님의 위대한 이야기 속에 두려면 우리가 본래 부름을 받은 그 극적인 삶을 살아야 한다. 어느 누구도 우리를 대신해 그런 삶을 살 수 없다.

우리는 어떻게 지적 호기심의 미덕을 개발할 수 있을까? 세 가지를 제안하는 바이다.

첫째, '왜?'라는 질문을 던지는 걸 절대로 멈추지 말라. 평범한 것에서 근사한 것까지 모든 창조세계에는, 비록 타락으로 손상되긴 했지만, 하나님의 장엄함이 깃들어있다. 당신의 질문이 잠재된 호기심을 일깨우는 역할을 하게 하라. 둘째, 폭넓은 독서를 하라. 당신이 인문학에 속해 있다면 과학 분야의 글을 읽어보라. 당신이 과학 분야에 몸담고 있다면 인문학에서 나온 글을 읽어보라. 모든 경우에 양질의 문학 작품을 읽고 당신을 동양과 서양 문화에 속한 고전에 노출시키라. 서양문화에 대해서는 모티머 애들러의 『서양세계의 위대한 책들(The Great Books Of The Western World)』이 좋은 출발점이고, 동양문화에 대해서는 데오도르 드 베리의 『숭고함과 시민교양: 리더십과 공동선에 관한 아시아의 이상(Nobility and Civility: Asian Ideals of Leadership and the Common Good)』이 좋은 시발점이다.[24] 치누아 아체베, 치마만다 은고지 아디치에, 응구기 와 시옹오, 나딘 고디머, 그리고 벤 오크리 등의 문학 작품들은 아프리카 문화를 이해하게 돕는 훌륭한 안내서이고, 가브리엘 가르시아 마르케스, 파블로 네루다, 마리오 바르가스 요사, 후안 카를로스 오네티, 호르헤 루이스 보르헤스, 훌리오 코르타사르, 그리고 이사벨 아옌데 등은 라틴 아메리카 문화에 대한 전경을 제공한다. 끝으로,

---

24. 특히 중국에 초점을 둔 최근의 저작에 대해서는 다음 책을 보라. Ma and Li, *Surviving the State, Remaking the Church*, 그리고 Ma, *The Chinese Exodus*.

당신이 새로운 영역에서 발견하는 것과 당신의 전문 영역 사이에 관계를 맺어 보고, 궁극적으로는 하나님과의 연관성을 찾아보라.

6) 지적인 정직성

2011년 여름, 디데릭 스테이플은 성공한 사회심리학자로 네덜란드 틸버그대학교의 사회·행동 과학 대학의 학장이었다. 그해 봄, 스테이플은 널리 알려진 소논문 여러 편을 발표했는데, 그 논문들은 사실상 세상이 인간 본성에 관해 듣고 싶은 것을 들려주었다. 문제는 스테이플이 자기가 원하던 결론을 지지하기 위해 자료를 조작했다는 사실이었다. 실험 결과를 보여 달라는 요청을 받자 그는 그렇게 할 수 없어서 속임수를 자백했다. 대학 당국이 그의 과거를 파헤치기 시작하자 십 년에 걸쳐 두 대학교에서 저지른 스테이플의 학술적 사기극은 어안이 벙벙할 정도였다. 그는 적어도 55편에 달하는 소논문과 더불어 그의 학생들이 쓴 10편의 박사 논문에서도 사기행각을 저질렀다. 2012년 뉴욕 타임즈와의 인터뷰에서 왜 그런 짓을 했는지 묻자, 스테이플은 "그것은 진리 대신에 미학에 대한, 아름다움에 대한 탐구였다."라고 응답했다.[25] 그는 우아함을 향한 평생의 욕망에 이끌려 결국 학술 저널이 매력적으로 생각한 결과를 날조하게 되었던 것이다. 스테이플은 지적으로 부정직했고, 그 결과 그의 경력과 인생은 지금 엉망진창이 되고 말았다.

스테이플의 비극적인 상황을 보노라면 잠언 10장 9절이 생각난다. "정직한 사람은 안전하고 떳떳하지만 부정한 사람은 꼬리가 잡히고 만다"(현대인의 성경). 다른 사람이나 우리 자신을 속이는 일은 장기적으로 결코 유익하지 않다. 우리는 그리스도를 따르는 자들로서 성실하게 진리를 전달하고, 우리 사례를 과장

---

25. Bhattacharjee, "The Mind of a Con Man," para 18.

하고픈 유혹에 저항하고, 늘 지적으로 정직하게 행함으로써 타인과 신뢰를 쌓기 위해 노력해야 한다. 그렇게 함으로써 우리의 정체성은 우리의 업적에 있지 않고 우리를 진리로 자유롭게 하신 그리스도 예수(요8:32) 안에 있음을 세상에 입증하게 된다.

7) 지적인 겸손

지적 겸손은 지적인 미덕들에서 가장 중요한 미덕 중 하나다. 그것은 다른 미덕들을 다함께 묶어주는 접착제로서 그리스도를 닮으려면 반드시 필요하다. 하지만 겸손의 부족, 곧 교만은 지식인에게 가장 자주 제기되는 혐의 중 하나다. 사도 바울이 표현하듯이, 우리는 종종 똑똑하고 교만하며 무정하다. "지식은 교만하게 하며 사랑은 덕을 세우나니"(고전8:1). 존 파이퍼는 이렇게 설명한다.

> 지식이 교만에 빠지기 쉬운 것은 주는 행위가 아니라 얻는 행위의 결과이기 때문이다. 지식은 하나의 소유물이다. 그것은 우리가 획득한 것이다. 그래서 우리가 지식에 대해 자랑하기 쉬운 것이다. 다른 한편, 사랑은 얻는 행위가 아니라 주는 행위다. 사랑은 성취한 것이나 획득한 것이 아니다. 그것은 바깥쪽으로 움직인다. 그것은 나눠준다. …… 그것은 사랑하는 자의 자아보다 타인의 믿음을 세워준다.[26]

그러면 우리가 어떻게 똑똑하고 교만하며 무정하게 되는 것을 피할 수 있을까? 요컨대, 우리는 어떻게 겸손이란 지적 미덕을 개발할 수 있을까?

이는 사람이 아니라 하나님이 존재와 지식에서 가장 중요한 자리를 차지하

---

26. Piper, *Think*, 158-59.

고, 그분이 인간의 교만을 미워하신다는 것(잠6:17)을 깨닫는 것으로 시작된다. 하나님은 창조주이신즉 모든 지식은 어떤 의미에서 그분이 사람에게 주신 **선물**이다. 하나님은 지식에 필요한 조건들을 창조하신다. 즉 알려질 수 있는 것을 하나님이 창조하시고, 마찬가지로 아는 주체도 하나님이 창조하신다는 것이다. 더나아가 겸손은 완전히 합리적이며 모든 것을 아시는 하나님에 비해 우리 지성의 역량과 한계에 대한 **정확한 평가**를 포함한다. 우리는 유한하고 오류가 있는 인식자들이며, 이것을 깨달음으로써 우리는 어떤 주제에 대한 최종 결론을 발견했다고 생각하고 싶을 때 잠시 멈출 수 있어야만 한다. 끝으로, 우리가 학문을 향한 하나님의 목적을 인식할 때 지적으로 겸손하게 된다. 학문은 우리의 자아를 세우기 위해서가 아니라 하나님과 사람을 섬기는 데 사용되어야 한다. 존 파이퍼는 이렇게 말한다.

> 모든 사고활동(공식적이든 비공식적이든, 단순하든 정교하든, 모든 배움, 모든 교육, 모든 학교 교육)은 하나님을 사랑하고 사람을 사랑하기 위해 존재한다. 그것은 우리로 하여금 하나님을 더 많이 알아서 그분을 더 존귀하게 여기도록 돕기 위해 존재한다. 그것은 우리가 다른 사람들에게 최대한 유익을 주기 위해 존재한다.[27]

우리가 지식 자체를 위해 그리고 다른 이들을 위해 지식을 추구할 때, 우리는 지적인 겸손의 미덕을 개발하고 모두에게 선의를 베풀게 될 것이다.

---

27. 같은 책, 167.

3. 토론에서 행동으로

예수님은 학문세계와 상관있는 분이실까? 틀림없이 많은 사람은 예수님이 학문기관과 거의 또는 전혀 상관이 없다고 주장할 것이다.[28]

현재의 존재 양식으로 보면 대학교는 분명히 불완전하고 부적절하다. 사실 표준적인 양식에서 학문은 "신적인 사랑의 명령에서 비롯된 권위 있는 신적인 도전에 수용적이지 않고, 인간을 토론하는 양식에 두는 한편 신적인 권위 아래 순종하는 양식에는 부족하게 만든다."[29] 말하자면, 토론하는 양식으로 수행되는 학문은 끝없는 대화, 논쟁, 논증, 순환, 그리고 우여곡절로 구성되어 있기 때문에, 하나님에 대한 사랑과 사람의 유익을 위해 그리스도께 신실하게 순종하는 방향으로 나가는 행동과 변화와 움직임은 거의 없는 편이다.

사실 나는 학문기관과 학술지에서 중요한 작업이 진행되고 있다고 생각한다. 진리를 찾고 있고, 주님이 원하시면, 발견하기도 한다. 장차 세상을 조금 더 낫게 만들게 될 새로운 것을 발견하기도 한다. 철학자 폴 모저에 따르면, 현재 필요하고 또 부족한 것은 "토론을 **넘어** 행동으로 가는 움직임"이다. 그런즉 이

---

28. 예컨대, 철학 분야에서 철학자인 데이비드 찰머스와 데이비드 보르겟은 최근 그 분야의 영구적인 주제들에 관한 철학자들의 사실적 신념을 측정하기 위해 99개 기관에 속한 1972명의 미국 철학 교수들을 대상으로 조사를 실시했다. "What Do Philosophers Believe?"를 보라. 응답한 93명 가운데 72.8퍼센트는 스스로를 무신론자라고 생각한 반면, 단 14.6퍼센트만이 스스로를 유신론자라고 생각했다. 내 경험으로는 이런 무신론자 철학자들의 다수가 예수님은 철학에서 차지할 자리가 없다고 생각한다. 설령 예수님을 (아마 도덕 선생이나 표본으로서) 테이블의 한 좌석에 앉도록 허용하는 무신론자들이 있다 해도, 그들 역시 그분과 그분을 따르는 사람들을 경계하는 듯하다. 틴 스미스가 2001년에 *Philo* 저널에 발표한 에세이를 상기해보라. 거기서 그는 "플랜팅가가 1967년 실재론적 유신론에 관한 중요한 책, *God and Other Minds*를 출판한 즉시 주류 학문세계의 세속화가 금방 흐트러지기 시작했다."라고 한탄한다. "The Metaphilosophy of Naturalism," 197.

29. Moser, "Introduction: Jesus and Philosophy," 17. 모저는 여기서 구체적으로 철학에 관해 얘기하고 있지만, 나는 그의 중점이 현재 학문기관에서 시행되고 있는 학문 전반에 적용될 수 있다고 생각한다.

를 대학교에 적용하자면, 예수님은 우리의 학회 테이블을 뒤집어엎고, 우리를 교수실에서 세상 속으로 밀어내어 그분의 신실한 대사가 되라고 요구하신다. 그리스도인 학자들에게 단순한 토론과 진리의 획득을 넘어 신실한 순종을 요구하시는 "그분은 [대학교]의 성전을 깨끗케 하시고 단순한 [학술적] 토론을 일삼는 자기예찬의 테이블을 뒤집어엎으신다. 그분은 다루기 힘든 성전 건축가들에 대한 진정한 사랑으로 오래된 자작(自作) 성전에 심판을 선고하신다."[30] 이는 무척 흥미로운 생각이다. 나는 다음과 같은 의미에서 모저가 옳다고 생각한다. 즉 예수님은 우리 가운데 있는 지위에 대한 우상숭배를 노출시키는 데 관심이 있으시다는 것, 그리고 우리 학자들이 (신적인 근원으로부터 단절된) 기발한 아이디어나 경력 또는 지위의 추구를 우리 삶에서 궁극적인 것으로 만드는 한, 우리는 일종의 거짓 숭배에 빠지게 된다는 것이다. 무언가 더 큰 것 대신에 자신을 위해 살고 싶은 유혹은 그리스도인 학자들도 면제되지 않는 하나의 유혹이다. 예수님은 정말로 이런 성전을 깨끗케 하실 것이다.

그러므로 그리스도인 학자가 된다는 말의 의미는 관념의 영역과 우리의 생활방식에서 예수님께 최고의 자리를 드린다는 것을 포함한다. 예수님은 모든 지혜와 지식의 원천이시다. 그런즉 그분은 명석하시다. 하지만 예수님은 그 이상이시다. 그분은 구세주시며, 그래서 우리의 인생을 요구하신다. 이것이 그리스도인 학자에게 주는 의미는 우리의 사고활동과 생활을 복음의 빛에 비추어 이해해야 한다는 것이다. 이는 과연 학자의 삶에 변화를 가져오는가? 모든 면에서 변화를 가져온다.

다음 장에서는 그리스도인의 마음에 대해 생각함으로써 그리스도인 학자의 신실함에 대해 계속 탐구할 것이다.

---

30. 같은 책, 17-18.

토론을 위한 질문

1. 당신은 앞에서 인용한 블레마이어즈, 놀, 기니스, 모어랜드의 말이 정확하다고 생각하는가? 교회가 반(反)지성주의로 인해 고통을 받는다는 주장에 동의하는가?

2. 예수님이 실재의 사안들에 관해 말씀하실 때 믿을 만한 분이시라고 보는 것이 왜 중요한가? 굴드는 예수님이 아름다운 분이시자 명석한 분이시라고 말하는데, 이에 대해 논의해보라.

3. 기독교를 단지 신앙의 전통으로만 보지 않고 하나의 지식 전통으로 보는 것이 왜 중요한가?

4. 영적 성숙의 과정에서 지성은 어떤 역할을 담당하는가?

5. 학자는 굳이 지적인 미덕을 갖출 필요가 없다는 주장이 있는데, 이에 대해 당신은 어떻게 생각하는가? 당신이 아는 사람들 가운데 지적으로 덕스러운 학자가 있는가? 또는 그렇지 못한 학자가 있는가? 구체적으로 얘기해보라.

6. 여기서 논의한 일곱 가지 지적인 미덕 가운데 당신이 개발하기 가장 어려운 미덕은 무엇인가? 왜 그러한가? 당신의 삶에서 이 미덕을 개발하려면 실제적으로 어떤 단계를 밟을 수 있을까?

7. 당신의 학문분야에서 예수님은 어떤 측면에서 "성전을 깨끗케 하실" 것 같은가? 어떤 면에서 당신의 분야는 토론하는 양식에 머물러 있는가? 당신은 그 분야가 순종하는 양식으로 나아가도록 어떻게 도울 수 있겠는가?

5장
그리스도인 학자와 마음

덕스럽다는 것은 인생에 대한 신적 표준에 맞춰 산다는 것이다. 더 낫게 표현하자면, 그 표준을 구현하는 것, 곧 그것을 본인의 행실로 보여주는 것이다.

_제임스 스피겔[1]

하나님께서는, 우리가 그를 앎으로 말미암아 생명과 경건에 이르게 하는 모든 것을, 그의 권능으로 우리에게 주셨습니다. 하나님은 우리를 부르셔서 그의 영광과 덕을 누리게 해 주신 분이십니다.

_베드로후서 1장 3절(새번역)

세계의 문화들은 질병에 걸려 있다. 날마다 우리는 인신매매, 폭동, 폭격, 살인, 대량 학살, 전쟁, 강간 등의 소식을 읽는다. 문제는 날마다 인간들이 다양한 방식으로 서로를 해롭게 할 때 발생하는 샬롬의 침해보다 더 깊은 곳에 있다.

---

1. Spiegel, *How to be Good in a World Gone Bad*, 15.

논쟁의 여지가 있으나 오늘날의 사람들이 과거의 사람들보다 더 나쁘지도, 더 낮지도 않을 것이다. 현대와 과거 간의 주된 차이점은 미덕의 결여가 아니라 미덕에 관한 **지식**의 결여에 있다. 피터 크리프트는 이렇게 말한다.

> 우리는 자연에 관한 지식에는 더 강해졌으나 선(善)에 관한 지식에는 더 약해졌다. 우리는 우리 자신보다 못한 것에 관한 지식은 늘어났으나 우리보다 나은 것에 관한 지식은 줄어들었다. 우리가 도덕적으로 행동할 때는 우리의 철학보다 더 낫다. 우리 조상들은 그들의 철학보다 더 못했다. 그들의 문제는 그들의 원칙에 걸맞게 살지 못했다는 것이다. 우리의 문제는 아무런 원칙도 없다는 것이다.[2]

크리프트는 우리가 약한 문화라고 주장한다. 즉, 우리가 최상의 윤리 이론에 관한 **토론**에 참여하고 지적인 핑퐁게임을 하고 견해들을 나누는 데는 숙련되어 있으나, 우리 자신을 **바꿀** 능력은 없고 "지식, 자기훈련, 그리고 미덕"의 추구를 통해 "영혼을 실재에 순응시키는" 능력도 없다는 것이다.[3]

더 큰 문화의 축소판인 대학교 역시 더 낫지(또는 더 나쁘지) 않다. 최근에 일어난 몇 가지 예를 들어보자. 캘리포니아주립대학교 노스리지 수학 교수인 티호미르 페트로브는 두 차례 동료의 교수실 문에 오줌을 눈 혐의를 받고 있다.[4] 뉴욕 시의 여러 칼리지에서 부교수로 일하는 이고르 소르킨은 십대 소녀로 위장한 비밀경찰에게 누드 사진을 보내고 몰래 만날 계획을 짠 혐의로 체포되었다.[5] 전 북경대학교 문학 교수 쉔 양은 1998년 그의 학생 가오 옌을 강간한 혐의와

---

2. Kreeft, *Back to Virtue*, 25.
3. Lewis, *The Abolition of Man*, 77.
4. Lopez, "Professor accused of urinating on colleague's door."
5. Carrega-Woodby, "Teen Tryst."

그 범죄 직후 가오 부인의 자살로 끝난 사건에 대해 조사를 받고 있다.[6] 켄터키의 하자드 커뮤니티 앤 테크니컬 칼리지에서 경제학과 컴퓨터과학을 가르쳤던 폴 프로스페리노 교수는 그의 아파트에서 2000개의 알약과 30개의 실탄이 장전된 총, 그리고 현금이 발견되어 유죄 판결을 받고 십년 형을 선고받았다.[7] 나는 이 외에도 학술적 사기, 스캔들, 폭력, 인종차별, 편견, 분노 폭발, 영토 분쟁 등에 대해 계속 열거할 수 있다. 우리가 더 큰 문화에서 발견하는 모든 문제가 대학교 내에도 존재한다.

우리 문화가 아픈 것은 우리의 영적 중심, 성경이 '마음(heart)'이라 부르는 영적 기관이 아프기 때문이다. 우리의 질병은 물려받은 것이다. 이는 '원죄'라 불리는데, 그 치료는 예수님과 함께 시작된다. 예수님은 새로운 나라, 곧 이 세상의 나라를 위협하는 나라를 세우려고 오셨다. 우리가 예수님의 나라에 들어가려면 우리의 옛 충성을 버려야 한다. 그리스도인이 받는 도전은 우상숭배의 유혹에 직면해 그리스도께 대한 온전한 충성을 유지하는 것이다.

세상은 우리를 그 틀에 끼어 맞추려고 위협한다(롬12:1-2). 우리가 만일 타락한 세상에서 그리스도처럼 살고 싶다면, 우리는 그리스도와 비슷한 존재가 되어야 한다. 이번 장에서 우리는 그리스도인의 마음에 대해 생각할 것이다. 좀 더 구체적으로, 그리스도인 학자가 대학교의 맥락에서 도덕적으로 덕스러운 삶을 사는 것이 어떤 모습일지에 대해 탐구할 생각이다. 먼저 내가 학문적 우상숭배와 씨름했던 경험을 나누면서 시작하겠다.

---

6. Javier C. Hernández, "China's #MeToo: How a 20-Year-Old Rape Case Became a Rallying Cry" (http://www.nytimes.com/2018/04/09/world/asia/china-metoo-gao-yan.html). Accessed April 9, 2019.
7. Ritchie, "Former College Professor gets 10 years."

1. 어느 그리스도인 학자의 고백

나는 어쩌다 뒷문으로 대학교에 들어갔다. 1997년 에델과 나는 한 국제적인 대학교 사역에 합류했다. 우리 모두 학부 시절에 이 사역을 통해 그리스도인이 되었고, 점점 더 다른 학생들도 예수님을 알게 되는 모습을 보고 싶은 열정이 커져갔다. 우리가 받은 최초의 CCC 사역은 나의 모교인 마이애미대학교에서 일하는 것이었다.

일찍이 나는 나 자신에 대해 몇 가지를 알아채기 시작했다. 첫째, 나는 복음을 전할 때 지식인을 찾으려는 경향이 있었고, 복음의 위대한 진리를 전하기 위해 그들 및 그들의 관념과 관계 맺는 것을 좋아했다. 더욱이 나는 학생들이 갈수록 성경에 대해 더 무지해지고 복음에 더 적대적이 되고 있음을 알아차렸다. 강의실에서는 기독교가 주변부로 밀려나거나 공개적인 조롱을 당했고, 또 기숙사에 들어가 학생들과 얘기를 나눌 때마다 나는 복음의 신빙성이 감소하고 있다는 것을 알았다. 이는 내게 신기한 현상이었다. 어쨌든 나는 진리는 우리 편이라고 추론했다. 둘째, 나는 내 속에 지식에 대한 열정이 커지고 있음을 알아챘다. 나는 하나님, 나 자신, 그리고 세계에 관해 배우고 싶었다. 그리고 잃어버리고 굶주린 세상을 향해 이런 것들에 관한 진리를 변호하고 전달하는 법을 배우고 싶었다. 그런데 젊은 CCC 간사로서 나의 역할은 기껏해야 일반주의자(generalist)의 역할에 불과했다. 즉, 내가 맡은 일은 무척 다양해서(제자훈련, 성경공부 인도, 정기 모임에서의 강의 등) 굳이 수년간의 전문적인 훈련을 받을 필요가 없었다. 나는 많은 일을 수행하는(그리고 잘 해내는) 능력을 개발하고 있었으나 어느 특정한 과업이나 역할을 전문적으로 수행하지는 않았다. 내게는 내가 새로 발견한 지식에 대한 열정을 추구할 만한 시간이 없었다. 그래서 나는 그 열정을 밀어냈다. 즉 표면 아래 억눌러 두었다.

비치볼을 수면 아래 밀어 넣을 때처럼, 지식에 대한 나의 열정은 표면 아래 가만히 있지 않았다. 나는 그 열정을 오랫동안 억누를 수 없었다. 캠퍼스 사역을 시작한지 첫 몇 년 동안은 그 '비치볼'이 표면 위로 떠오르면 억지로 아래로 밀어 넣었지만, 곧 다시 떠오르곤 했다. 마침내 삼년 째 되던 해에 나는 그 비치볼을 테스트하는 편이 낫겠다고 결심했다. 그래서 "지식에 대한 이 열정이 선교사로 부름 받은 내 소명에 어떻게 맞춰질 수 있을까?"라고 자문해보았다. 나는 변증 코스를 개발해서 학생들에게 가르쳤고, 학생들은 물론(그들은 배우고 싶은 욕구와 알아야 할 필요가 있었다) 나 자신(나는 어려운 자료를 이해하고 전달하는 능력이 있었다)에 관해 몇 가지를 알게 되었다. 나는 여러 책을 읽었고, 친구들에게 조언을 구했고, 그 비치볼이 수면 위에 떠 있도록 허용했고, 하나님께 내가 새로 발견한 이 열정을 어떻게 이해해야 할지 여쭤보았다.

아울러 CCC 간사 삼년 차에 하나님이 나를 학자가 되는 길로 이끌어주신 두 가지 사건이 일어났다. 첫째 사건은 내가 누가복음 성경공부를 인도하던 어느 밤에 일어났다. 누가복음에는 예수님이 의도적으로 십자가로 향하시는 발걸음에 주목하도록 저자가 잠시 멈추는 대목이 여럿 있다. 누가복음 13장 32절에서 그런 멈춤 하나를 찾을 수 있다. 예수님이 바리새인들에게 헤롯에 대해 말씀하시는 장면이다. 그분은 이렇게 말씀하신다. "가서, 그 여우에게 전하기를 '보아라, 오늘과 내일은 내가 귀신을 내쫓고 병을 고칠 것이요, 사흘째 되는 날에는 내 일을 끝낸다' 하여라"(새번역, 눅9:51과 18:31-34도 보라). 우리가 이 대목에 대해 논의할 때 한 학생이 "예수님은 분명 이 말씀을 하실 때 상당히 열정적이셨을 거야."라고 진술했다. 그가 옳았다. 아마 예수님은 열정적이셨을 것이다. 아버지 하나님은 잃어버린 자를 찾아 구원하도록 예수님을 보내셨고(눅19:10), 그날 밤 토론하면서 내가 깨달은 것은 예수님은 그분의 **목표**, 즉 그분의 목적에 비추어 열정을 품으셨다는 점이다. 그래서 나 역시 하나님이 나를 창조하신 그 독특한 목적을 발견할 때 내가 하나님의 것들에 대해 가장 열정적이 될 것이란 생각이 들었다. 나는 새로 발견한 지식에 대한 열정이 나를 향한 하나님의 계획의 일부라는 것을 깨달았다. 하나님은 나를 어떤 열정과 은사들을 지닌 존재로 창조하셨고, 이런 것들은 내가 지음 받은 독특한 기여 내지는 목적을 가리키고 있었다. 그날 밤, 우리가 조용히 누가복음을 공부할 때, 하나님은 내 속에서 일하시면서 나를 향한 그분의 완전한 계획을 드러내고 계셨다. 그때 학계를 향한 행로의 한 부분이 놓인 셈이었다.

학계를 향한 행로의 다른 부분은 몇 개월 후에 마련되었다. 나는 여전히 비치볼을 시험하고 있었다. 믿을 만한 친구들의 자문을 구하고 신학과 철학 서적도 적지 않게 읽고 있었다. 여름이 찾아와서 나는 버지니아 해변에서 복음을 전하고, 학생들에게 제자훈련을 하고, 변증을 가르치는 등 선교여행을 하고 있었다. 그해 여름 누군가와 대화를 나누던 중 영화 <불의 전차>에 나온 유명한 육상선수 에릭 리델의 말에 주목하게 되었다. "나는 하나님이 어떤 목적을 위해 나를 만드셨다고 믿는데, 그분은 또한 나를 빠르게 만드셨다. 그리고 내가 달릴 때는 그분의 즐거움을 느낀다." 그때 내가 "나는 무엇을 할 때 그분의 즐거움을 느끼지?"라고 물었던 것이 기억난다. 대답은 매우 분명했다. 지성적 삶의 맥락에서 복음을 나누는 것이었다. 이것이 나를 학자가 되는 길에 두시기 위해 하나님이 놓으셨던 두 번째 행로였다. 하나님은 이렇게 말씀하고 계셨다. "너는 내 나라에서 틈새시장 선수가 될 필요가 있어. 나는 네가 학자가 되어 오늘날 세상에서 가장 영향력 있는 그룹 중 하나(대학교 학생들과 교수들)에 손을 뻗치고 그들과 함께 일하도록 너를 불렀단다." 하나님은 나를 향한 그분의 목적의 일부, 그분의 이야기 속 내 이야기의 일부를 드러내셨던 것이다. 나는 비치볼을 수면 아래 밀어 넣는 일을 그만두었다.

9개월이 지난 후 우리는 CCC의 교수 사역(Faculty Commons)으로 전환했고, 나는 공식 교육을 받기 시작했다. 나는 먼저 탈봇신학교에 가서 철학과 신학을 배우기 시작했다. 거기로부터 하나님이 나를 퍼듀대학교로 데려가셨는데, 거기서 나는 2010년 봄에 철학 박사학위를 마쳤다.

이상 내 이야기의 전반부는 나누기 쉬운 것이다. 하지만 그 이후의 이야기는 나누기가 더 어려운 내용이다.

하나님은 나에게 내 인생의 목적 중 일부를 드러내주셨다. 그분은 복음에 비추어 내게 주신 구체적인 사명을 나타내신 것이다. 그런데 내가 철학 석사학위와 이어서 박사학위를 밟으면서, 그리고 말과 글과 사역에서 성공하는 모습을 보면서 나의 여정 어딘가에서 내 삶의 초점이 "주의 나라가 임하시며"에서 "나의 나라가 임하며"로 바뀌는 것을 경험했다. 나는 실적과 인상적인 이력서를 중요시하는 대학 환경 속에 내 존재를 두고 움직이며 살기 시작했고, 그에 따라 나는 그 흐름에 곧바로 동조했다. 즉 나는 대학의 틀에 맞춰진 것이다. 물론 나는 옳은 말을 얼마든지 늘어놓고("이건 다 하나님의 일이야"), 많은 선한 일, 심지어 영적인 것도 행하려고 했다. 그러나 내가 스스로에게(그리고 고통스럽지만 지금 당신에게) 정직하자면, 그것은 종종 하나님보다 나 자신과 더 관계가 많았다. "나를 보라고! 내가 얼마나 위대한지 보라고! 내가 얼마나 똑똑한지 보라고!"

내가 박사학위를 마친 후 첫 4년은 정말 힘겨운 기간이었다. 애초에 나는 대학교에서 직장을 찾지 않았다. 교수 사역의 리더로서 가장 잘 쓰임을 받을 수 있다고 믿었기 때문이다. 그러나 그 길은 험난했다. 나는 다시 예수님과 사랑에 빠져야 했다. 하나님과 씨름하기 시작했다. 주님은 나를 교수로, 목사로, 또는 교회병행단체의 리더로 부르시는 중입니까? 약 2년이 흐른 후 나의 기술과 열정이 대학 교수로 가장 잘 쓰임 받을 수 있다는 것을 알게 되었다. 그래서 나는 구직이 쉬울 줄로 생각하고(내 소박한 의견에서) 구직 시장에 들어갔다. 내가 틀렸다. 첫 해는 빈손으로 끝났다. 짧은 목록을 만들고 한 캠퍼스를 방문했으나 내게 자리를 제공하는 곳은 없었다. 그래도 나는 대학교에 속해 있다고 확신했다. 해외에 그리스도인 교수가 필요하다는 걸 알고 해외에서 가르칠 기회를 찾아보기로 결심했다. 2013년 6월, 우리는 믿음으로 집을 팔았다. 그리고 어느 대학교가 계약하자고 제안하기를 기다렸다. "하나님은 확실히 내게 동의하시지. 내가 대학교에 속한다고 말이야. 그분은 분명히 내가 학문적인 직업이 아닌 곳에서 내 은사와 재능을 낭비하게 하시지 않을 거야." 나의 추론이었다. 그러나 해외 교수직은 결코 다가오지 않았다.

우리는 자녀 넷에 집이 없는 신세였고 나는 어찌할 바를 몰랐다. 나는 계속 기다리면서 하나님과 씨름하기 시작했다. 당시에 우리는 인디애나 웨스트 라파옛에 있는 가까운 친구 집의 이층에 살고 있었다. 감사하게도 나는 여전히 CCC에 고용되어 있었으나 계약 기간이 끝나는 중이었다. 그래서 이동할 필요가 있었다. 찰스 디킨즈가 다른 맥락에서 표현했듯이, 기다리며 씨름하는 시간은 "최상의 시간이자 최악의 시간"이었다.

하나님은 나에게 부드럽게 이렇게 도전하기 시작하셨다. "나로 충분하니? 만일 네가 학계에서 결코 직업을 구하지 못하게 된다면 어떻겠니? 그래도 괜찮겠니? 네 생애에서 결코 눈에 띄는 업적을 다시 이루지 못한다면 어떻겠니? 네가 철학세계에서 무명씨로 남는다면? 그래도 내가 너에게 충분하겠니?" 그 순간 내가 주님의 말씀에 귀를 기울이고 내 마음을 조사해보니 그런 질문들에 대한 답변이 종종 "아니오."였음을 알게 되었다. 요컨대, 나는 나의 개인적 성공을 추구하는 우상숭배자가 되었던 것이다. 하나님으로 충분하지 않았다.

나는 영원히 지체할 수 없었지만(삶은 기다리는 동안에도 멈추지 않는다), 하나님이 나를 학계로 부르고 계시며 궁극적으로 어딘가에 직업이 있을 것이라고 믿었다. 특히 내가 시편을 읽을 때 하나님의 영이 나를 보살피셨다. "내 눈이 항상 여호와를 바라봄은 내 발을 그물에서 벗어나게 하실 것임이로다"(시25:15). 내가 하나님이 치신 그물 속에 있고 내 직무는 그분을 바라보고 신뢰하는 것이라고 믿었다. 감사하게도, 6개월의 지체 후, 그야말로 마지막 순간에, 3주에 걸쳐 하나님이 철학을 가르칠 수 있는 전임 직업을 제공하셨다. 나는 2013년 12월 둘째 주에 남서부 침례신학교로부터 인터뷰 초대를 받았고, 2014년 1월 1일 우리 가족은 캠퍼스에 도착했다. 하나님께 참으로 감사드린다. 나는 또한 내 마음 깊숙이 하나님으로 충분하다는 것을 배우기도 했다. 이를 결코 잊지 않기를 바란다.

당신은 어떠한가? 하나님으로 충분한가? 당신이 만일 또 다른 주목할 만한 소논문이나 책을 다시 출간하지 못한다면 어떻겠는가? 그래도 하나님으로 충분한가? 당신이 좀 더 명망 있는 대학교로 이동할 수 없다면 어떻겠는가? 그래도 하나님이 당신에게 충분할까? 만일 이런 질문들에 대한 몇몇 답변이 "아니오."라면, 당신 역시 우상숭배에 빠진 셈이다.

우상이란 무엇인가? 팀 켈러는 『내가 만든 신』에서 우상에 대해 이렇게 말한다.

그것은 당신에게 하나님보다 더 중요한 어떤 것, 당신의 마음과 상상을 하나님보다 더 빼앗는 어떤 것, 오직 하나님만 주실 수 있는 것을 당신이 당신에게 주려고 하는 어떤 것이다.[8]

그리고 이렇게 글을 잇는다.

가짜 신은 당신의 삶의 중심에 있는 필수적인 존재라서 당신이 그것을 잃는다면 인생이 살 만한 가치가 거의 없다고 느끼게 하는 것이다. 우상은 그

---

8. Keller, *Counterfeit Gods*, xvii.

처럼 당신의 마음속에서 통제하는 위치를 차지하고 있어서 당신의 열정과 에너지, 감정적 및 재정적 자원 대부분을 재고의 여지도 없이 거기에 쏟아 붓게 된다. …… 우상은 당신이 쳐다보며 마음속 깊은 곳에서 이렇게 말하게 하는 것이다. "내가 그것을 가질 수 있다면, 내 인생이 의미 있게 될 것이라 느끼고, 내가 가치를 지니고 있음을 알게 될 것이고, 내가 중요하고 안정된 존재라고 느끼게 될 것이다."[9]

나는 우상숭배자다. 나의 고백이다. 그런데 감사하게도 하나님의 은혜로 나는 회복 중인 우상숭배자다. 주님의 뜻이라면, 내가 날마다 하나님의 선하심과 신실하심을 신뢰하는 것을 배워감에 따라, 나는 점점 더 하나님을 닮아갈 것이고 나의 의제와 프로젝트 대신 하나님의 것들에서 점점 더 동기를 찾게 될 것이다. 내가 이 이야기를 나누는 것은 당신 역시 도전을 받고 또 격려를 얻게 되길 바라기 때문이다. 당신의 인생을 향한 하나님의 소명과 당신의 우상숭배 사이의 씨름에 대해 생각하도록 도전하기 위해서다. 그리고 하나님이 당신과 나 같은 불완전한 사람들을 그분의 영적 혁명에 참여하도록 부르신 것에 대해 당신이 성찰하도록 격려하기 위해서다. 팀 켈러가 말했듯이, 복음은 우리에게 우리는 우리가 믿는 것보다 더 악한 존재이지만, 그와 동시에 우리는 우리가 바라는 것보다 더 많이 사랑받고 용납 받은 존재라고 말해준다.

하나님은 우리가 질서정연한 사랑(이는 질서정연한 삶으로 이끈다)을 품길 원하신다. 예수님과 그분의 영광스러운 복음은 우리의 가장 깊고 영원한 갈망을 현재는 물론 영원토록 만족시켜줄 만큼 큰 유일한 것이다. 그러므로 우리는 먼저 예수 그리스도의 헤아릴 수 없는 위대하심을 깨달을 필요가 있다. 툴리안 차비진 목

9. 같은 책, xviii.

사가 표현하듯이, "[예수님]이 누구신지를 속속들이 아는 것이 궁극적으로 우리가 우상숭배의 유혹을 극복할 수 있는 유일한 길일 것이다."[10] 나는 그리스도 안에서 나의 정체성을 발견한 만큼 그분의 영광을 위해 학문을 포함해 하나님의 것들을 추구할 자유가 있다. 이 진리가 우리를 해방시킨다. 나는 굳이 증명하거나 보호할 것이 하나도 없고, 다만 기쁘게 내 주인의 일에 참여할 뿐이다.

복음의 영광의 일부는 그리스도 안에 삶을 변화시키는 능력이 있다는 것이다. 이 치료책은 (그 자체로 영광스러운) 구원을 넘어선다. 우리는 도덕적으로 덕스러운 존재가 될 수 있다. 우리는 세상과 다른 존재가 될 수 있다. 그저 더 열심히 노력하거나 모종의 자기구원/성화 계획에 참여해서 그렇게 되는 것이 아니라, 방향을 예수님께 돌리고, 우리의 필요를 시인하고, (하나님과 손잡고) 우리의 우상을 뿌리 뽑고, 우리 삶의 질서를 다시 잡는 데 필요한 마음의 작업을 열심히 수행함으로써 그렇게 된다. 덕스러운 존재가 되는 것은 하나님의 선물이긴 해도 수동적으로 또 자동적으로 받는 것이 아니다. 크리프트가 말하듯이, "성자 같은 사람이 되는 것은 구원받은 것에 대한 우리의 반응이다. 우리는 어느 것도 하나님 없이는 할 수 없지만, 그분 역시 어느 것도 우리 없이는 하시지 않을 것이다."[11] 예수님이 우리의 본보기시다. 우리는 예수님처럼 덕스러운 행동을 하기 원하는 만큼 핵심적인 기독교적 미덕을 더욱 온전히 아는 것이 현명하다. 우리가 개발해야 할 세 가지 항구적인 큰 미덕은 믿음, 소망, 그리고 사랑이다.[12] 이제 이 미덕들에 대해 살펴보자.

---

10. Tchividjan, *Jesus + Nothing = Everything*, 63.
11. Kreeft, *Back to Virtue*, 67.
12. 전통적으로 이 세 가지 미덕은 '신학적 미덕'이라 불린다. 이 셋을 정의, 지혜, 용기, 절제와 합치면 고전적인 일곱 가지 미덕이 된다.

2. 도덕적 미덕의 개발

1) 믿음

하나님이 믿음을 소중히 여기신다는 것은 의심의 여지가 없다. 아브라함이 의롭게 여겨진 것은 그가 하나님을 믿었기 때문이다(창15:6). 예수님은 제자들에게 겨자씨만한 믿음만 있어도 산을 움직일 수 있다고 말씀하셨다(마17:20-21). 바울은 우리가 믿음을 통해 구원받는다고 말한다(엡2:8). 히브리서 저자는 믿음이 없이는 하나님을 기쁘게 할 수 없다고 진술한다(히11:6). 대중적인 무신론 신조들은 믿음을 비합리적이고, 독단적이며, 일종의 희망적 사고방식에 불과하다고 생각한다. 그리고 성실한 영적 구도자들은 서로에게 믿음의 '신비'를 수용하고, 맹목적인 도약을 감행하며, 최상의 것을 바라도록 격려한다. 그리스도인들은 종종 믿음을 주관적이고 개인적인 신념과 동일시하고, 객관적이고 공적인 접근이 가능한 지식과 대조되는 것으로 생각한다. 오늘날의 문화가 믿음에 대해 무척 헷갈리고 있다는 것은 의심할 여지가 없다.

지금은 우리가 믿음의 미덕을 참신하게 고찰할 때다. 믿음이란 무엇인가? 그것은 본인을 맡기는 것이다. 따라서 하나님에 대한 믿음은 **본인을 하나님께 맡기는 것**으로 이해해야 한다.[13] 믿음은 지적 요소를 포함하지만 단지 지적인 것만이 아니다. 믿음은 실존적 요소를 포함하지만 단지 신뢰만이 아니다. 하나님에 대한 믿음은 이성과 상반되거나 이성 위에 있지 않고, 오히려 이성과 밀접하며 서로 협력하는 관계다. 믿음은 인지적으로 충분한 증거에 근거를 둔다. 그래서 무척 이치에 맞다. 그러나 중요한 점은 철학자 폴 모저가 지적하듯이, 믿음은 단지 "지성이 개입될" 뿐 아니라 "삶이 개입되기" 때문에 지적인 동의를 능

---

13. Moser, "Faith," 14.

가한다는 것이다.[14]

중요한 점은, 우리 자신을 하나님께 맡긴다는 것은 우리가 하나님을 우리의 **권위 있는 주님**으로 기꺼이 의지하는 것을 포함한다는 것이다.[15] 이는 하나님과 그분의 길을 따라 살기 위해 날마다 자기를 부인하는 것을 포함한다. 다음과 같은 예수님의 말씀을 진지하게 생각해보라. "아무든지 나를 따라오려거든 자기를 부인하고 날마다 제 십자가를 지고 나를 따를 것이니라"(눅9:23). 여기서 자기부인이 일상적인 행습이어야 한다는 것을 주목하라. 그것은 "매시간 하나님의 나라를 위해 사는 것이다."[16] 그처럼 하나님과 타인을 이타적으로 사랑하려면 믿음, 곧 우리의 삶에서 하나님을 하나님으로 모시는 전면적인 헌신이 필요하다.

교수가 자기부인을 실천할 수 있는 기회는 매우 많다. 가령 강의 후 피곤해서 귀가하고 싶어도 학생들과 대화를 나누는 것, 귀중한 연구 시간을 제쳐놓고 한 학생을 위해 급박한 추천서를 써주는 것, 다른 자원자가 없을 때 교수 위원회에 들어가서 섬기는 것, 당신의 작품에 착수하는 대신 동료의 작품을 읽어주는 것, 학생들이 불평하고 흥미가 없어 보여도 양질의 강의를 위해 홀로 많은 시간을 투자하는 것 등이다. 자기부인에의 초대는 급진적인 하나님 나라의 삶으로 부르시는 것이고, 이는 내주하시는 성령의 능력과 예수님의 부활의 능력에 의해 믿음으로 가능한 삶이다. 아울러 이는 당신이 하나님의 뜻대로 하나님과 사람을 섬기는 삶을 영위할 때 당신에게 더 큰 자유를 선사한다.

2) 소망

우리는 유한한 존재라서 소망을 품지 않을 수 없다. 우리의 삶은 온전하지

---

14. 위와 같음.
15. 같은 글, 23.
16. Moreland, *Kingdom Triangle*, 146.

않다. 우리의 모든 욕구가 다 채워지지도 않는다. 그러나 우리는 그날을 갈망한다. 우리는 사랑에 빠지길 바란다. 우리는 우리의 연구결과가 저널에 발표되길 바란다. 우리는 연구기금을 받기를 바란다. 우리는 영구적인 직무 계약을 맺기를 바란다. 우리는 우리의 자녀들이 잘 되기를 바란다. 소망은 인간적인 것인 만큼 도처에 편재해 있다. 그런데 소망이란 무엇인가? 좀 더 구체적으로, 소망은 인간의 번영과 미덕에 어떻게 기여하는가?

상기한 예들을 잠깐 생각해봐도 알 수 있듯이, 우리는 멋진 소망이나 빈약한 소망을 거론할 수 있다. 우리가 어떤 소망을 품느냐는 우리의 인생관 및 행복관을 드러낸다. 우리의 궁극적인 소망이 만일 스포츠 경기의 결과나 직업 또는 인간관계에 있다면, 그런 소망은 우리를 완전히 만족시킬 수 없는 것에서 궁극적인 성취를 찾는 우상숭배에 해당한다. 우리의 소망은 궁극적으로 합당한 대상, 우리를 완전히 행복하게 할 그런 대상을 향해야 한다. 따라서 그리스도인의 소망이 하나님을 목표로 삼는 것은 놀랍지 않다. 우리가 "우리의 완전한 행복으로서 하나님과 연합하는 운명을 갈망하며, 그 운명에 이르도록 하나님의 도움을 간절히 바랄 때"[17] 우리는 멋진 소망을 품는 셈이다.

우리가 하나님께 소망을 두면 "상을 받을 수 있도록 달릴 수 있는"(고전 9:24, 새번역) 능력을 받게 된다. 최종 목표는 연구결과를 하나 더 발표하는 것이나 책을 한 권 더 출판하는 것(물론 이것도 중요하지만)이 아니라 하나님과의 연합이다. 최종 목표는 종신 교수직(물론 그것도 중요하지만)이 아니라 영원한 삶이다. 최종 목표는 명망과 영예가 아니라 미덕과 하나님에 대한 추구로 채색된 온전한 삶이다. 우리는 이런 세상적인 활동(연구, 승진, 명망 등)에 소망을 품을 수 있지만(그리고 품어야 하지만), 그런 것들을 궁극적인 목표가 아니라 그리스도를 신실하게 섬기는 우리

---

17. Mattison, "Hope," 112.

소명의 일부로서 추구해야 한다.[18] C. S. 루이스가 멋지게 말하듯이, "당신이 하늘을 목표로 삼으면 땅을 '덤으로' 얻을 것이고, 땅을 목표로 삼으면 아무 것도 얻지 못할 것이다."[19] 이는 고도로 경쟁적이고 공로에 기반을 둔 대학교에서 얼마나 급진적인 자세인가! 선교적인 삶은 빈약한 소망을 품은 사람들, 곧 완전히 만족시킬 수 없는 것에서 궁극적인 성취감을 찾는 사람들에게는 실로 터무니없는 큰 도전이 아닐 수 없을 것이다.[20]

3) 사랑

오늘날의 대학교를 생각하면 사랑은 기껏해야 일회용 미덕이거나 최악의 경우에는 골칫거리라고 결론을 내려도 과장이 아니다. 많은 교수에 관한 한, 혹시라도 사랑의 조짐이 보이면, 그것은 연구에 대한 사랑이나 위대한 관념을 추구하는 사랑 또는 기념비적 돌파구와 관련된 사랑일 가능성이 많다. 교수들은 합리성을 계산하는 차가운 사람들이다. 그렇지 않은가? 글쎄, 꼭 그렇지만은 않다. 그러나 그런 고정관념에도 일리는 있다. 문제는 우리가 연구 대신에 사람을 사랑해야 한다는 것이 아니다. 전혀 그렇지 않다. 나는 연구를 좋아하고 아마 당신도 그럴 것이다. 사실은 단지 우리의 사랑의 순서가 종종 그릇되어 우리의 삶이 균형을 잃는다는 것이다.

창조질서가 '사랑의 순서'를 포함한다는 것은 상식적으로도 확증된다.[21] 만일 홍길동이 자기 결혼식 날에는 냉담한 무관심을 보이며 나타나더니 정작 그가

---

18. 같은 책, 118-19.

19. Lewis, *Mere Christianity*, 134.

20. 루이스를 다시 인용한다. "대다수의 사람들은 그들이 자기 마음속을 들여다보는 법을 배웠다면 그들이 이 세상에서 가질 수 없는 것을 원하고 또 간절히 원한다는 것을 알 터이다. 이 세상에는 그것을 준다고 내세우는 온갖 것들이 있지만, 그것들은 결코 그 약속을 지키지 못한다." 같은 책, 135.

21. Taliaferro, "Love," 174.

응원하는 팀이 야구 경기를 이길 때마다 온통 기쁨과 환희에 들떠있다면 우리는 무언가 잘못되었다고 생각할 것이다. 예수님은 큰 계명(마22:37-39)을 통해 우리가 **무엇**을 사랑해야 하고 또 **어떻게** 사랑해야 하는지를 말해준다. 우리는 하나님, 우리의 이웃, (암묵적으로) 우리 자신, 그리고 창조세계를 올바른 순서로 사랑해야 한다. 그렇게 하면 우리가 하나님의 의도대로 (일반적으로) 인간으로서 그리고 (특히) 학자로서 번영하게 될 것이다.

이 마지막 논점이 중요하다. 사랑은 모든 그리스도인의 일반적인 도덕적 의무이긴 하지만 사랑의 미덕을 개발하는 것은 학자로서의 삶에도 영향을 준다.[22] 우리가 글을 쓸 때는 우리의 대화 상대자(들)의 말을 믿어주고, 우리의 힘을 과신하고픈 유혹을 물리치고, 인신공격에 참여하길 거부함으로써 사랑을 실천할 수 있다. 우리가 가르칠 때는 강의실에서 어리석은 말이나 부정확한 말을 하는 학생을 짓누르고 싶은 충동을 저지하고, 우리의 삶을 들여다볼 수 있게 해서 학생들이 입으로만 지껄이지 않는 우리의 진실한 성품을 보고 배울 수 있게 함으로써 사랑을 베풀어야 한다. 우리가 학점을 매길 때는 긍정적인 피드백과 부정적인 피드백을 모두 제공하고, 학생들에게 그들의 노력보다 더 나은 학점을 주기를 거부함으로써 사랑을 실천할 수 있다. 우리가 섬길 때는 모두에게 복이 되도록 특별히 노력함으로써 다른 이들(과 대학교)의 안녕을 구할 수 있다.

기독교를 특징짓는 사랑은 **아가페**다. 이는 이타적이고 무조건적인 사랑이다. 이는 느낌이 아니다. 이는 감정이 아니다. 오히려 "우리가 자연스레 우리 자신에 대해 품는 의지, 다른 사람들에 대해 품는 법을 배워야 하는 의지의 상태다."[23] 그것은 다른 사람의 유익을 낳는 방식으로 행동하는 것이다. 이는 슬프게

---

22. Köstenberger, *Excellence*, 223. 이 단락에서 논의한 실제적인 사항들은 227-28페이지에 나온 쾨스텐버거의 논의에서 끌어왔다.

23. Lewis, *Mere Christianity*, 129.

도 현대의 대학교에는 부족한 그런 사랑이다. 우리는 어떻게 기독교적 사랑의 미덕을 개발할 수 있을까? 중요한 점은 이것이다. 이 미덕 또는 다른 어떤 미덕이라도 그것을 개발하려면, 금식, 공부, 침묵, 고독, 검소함, 예배, 기도, 그리고 묵상과 같은 영적 훈련을 정기적으로 실천해야 한다는 것이다.[24] 그런데 시작하는 것은 보다 쉽다. "당신이 과연 이웃을 **사랑하는지**에 대해 신경 쓰느라 시간을 낭비하지 말라. 마치 당신이 사랑하는 것처럼 행동하라. 이를 실천하자마자 우리는 곧 큰 비결 중 하나를 알게 된다. 당신이 누군가를 사랑하는 것처럼 처신할 때, 당신은 금방 그 사람을 사랑하게 될 것이다."[25]

이제 당신은 하나님의 이야기 속으로 더 깊이 들어갈 준비가 되었는가? 예수님을 당신의 유일한 소망이자 최고의 선(善)으로 여기고 자신으로부터 등을 돌려 그분께로 향할 준비를 갖추었는가? 당신은 경건한 성품을 더욱 개발하길 원하는가? 그렇다면 이제 볼륨을 높이고 복음의 음악을 경청하고 그 춤에 합류하라.

.

3. 복음의 음악, 그 볼륨을 높여라

내 친구 키스 존슨은 한 국제적인 대학 사역을 위한 신학 교육의 대표로서 복음 중심적인 삶의 모습을 이렇게 묘사한다. 그것은 내가 좋아하는 그림들 중 하나인데, 다음과 같다.

당신이 청각장애자들과 귀가 멀쩡한 사람들이 다함께 살고 있는 어느 큰 집에 있다고 상상해보라. 한 방에서는 한 친구가 의자에 앉아 [아이폰으로]

---

24. 예컨대 다음 책을 보라. Moreland and Issler, *The Lost Virtue of Happiness*, chaps. 2-5.
25. Lewis, *Mere Christianity*, 131.

음악을 듣는 모습이 보인다. 리듬에 맞춰 그는 발로 바닥을 톡톡 치고, 허벅지를 드럼인양 두드리고, 턱을 앞으로 내밀고, 박자에 따라 몸을 흔든다. …… 그의 온 몸이 귀가 듣는 것에 반응하여 움직인다. ……

몇 분 후 한 청각장애자가 방에 들어온다. 그 친구가 음악을 들으며 [록스타] 흉내를 내는 모습을 목격하고는 재미있게 보인다고 생각한다. 나도 한번 해볼까 하는 생각이 든다. 그래서 그 친구 곁에 앉아서 그를 모방하기 시작한다. 처음에는 어색했지만 허벅지를 드럼인양 두드리고, 턱을 앞으로 내밀고, [아이폰]을 듣는 친구처럼 음악에 맞춰 몸을 흔들어본다. 약간의 연습과 함께 그는 잘 따라잡기 시작한다. ……

잠시 후 세 번째 사람이 방에 들어와서 그 장면을 목격한다. 그는 무엇을 보게 되는가? 두 사람이 분명히 똑같은 것을 들으면서 분명히 똑같은 행동을 하고 있다. 차이가 있는가? 확실히 있다. 첫째 친구는 음악을 듣고 그의 행동은 음악의 리듬과 멜로디에 맞춘 자연스러운 반응이다. 둘째 친구는 그저 외적인 행동을 모방하고 있을 뿐이다. 청각장애자라서 아무것도 듣지 못하고 있다.[26]

존슨은 이 예화에 중요한 영적 유비가 있다고 지적한다. 춤은 우리의 외적 행위를 묘사하는 반면, 음악은 복음의 은혜를 묘사한다. 만일 우리가 끊임없이 우리 영혼의 상태에 주의하지 못한다면, 그리스도인의 삶의 동작(춤의 스텝)은 따라 하면서도 정작 복음의 음악은 듣지 못하기가 쉽다. 하나님의 은혜는 간구하는 모든 사람을 위해 풍성하게 준비되어 있다. 우리가 덕스러운 존재가 되려면 단지 춤의 스텝에만 초점을 맞출 수는 없다. 우리가 단순한 외적 도덕주의에 굴복하지 않으려면 우리의 마음을 그리스도를 향해 방향을 조정하는 일부터 해야

---

26. Johnson, "Hearing the Music of the Gospel," 1.

한다. 당신이 성경을 읽을 때, 먼저 그 본문이 어떻게 우리의 깨어진 상태를 노출시키고 또 우리에게 구원자를 가리키는지 물어보라. 그것이 복음이다. 이어서 우리가 어떻게 복음의 관점에서 살아야 하는지(춤) 물어보라. 우리는 춤을 추게끔 되어 있다. 그러나 하나님이 의도하신 방식으로 춤을 추려면 복음 음악의 볼륨을 높일 필요가 있다. 앞의 두 장이 당신의 삶 속에 울려 퍼지는 확성기의 역할을 하게 되기를 바란다.

지금까지 우리는 그리스도인의 지성과 마음에 대해 생각했다. 그리고 우상숭배의 본질을 탐구했고 복음의 아름다움과 충분함을 살펴보기도 했다. 다음 두 장에서는 이 춤이 한 캠퍼스 환경 내에서 그리고 한 학문분야 내에서 영위하는 선교적인 삶과 어떤 관계에 있는지를 생각해볼까 한다.

토론을 위한 질문

1. 당신이 대학 교수로서 받은 소명에 대해 얘기해보라. 그 길을 찾던 중에 어떤 중요한 이정표들이 있었는가? 대학교는 어떻게 당신을 그 틀에 끼어 맞추었는가? 그리스도는 어떻게 당신을 다르게 만들었는가? 당신이 학자로서 우상숭배와 씨름하는 부분은 무엇인가?

2. 당신은 무엇에 대해 열정이 있는가? 당신의 은사와 열정은 어떻게 하나님이 주신 소명에 잘 들어맞는가? 당신은 하나님이 주신 어떤 좋은 것을 취해 그것을 궁극적인 것으로 만들고 싶은 유혹을 받은 적이 있는가? 어떻게 그렇게 되었는가?

3. 학계에 흔한 우상들은 무엇인가? 이런 영역들에서 당신은 어떻게 우상숭배에 빠지는 것을 피할 수 있을까? 굴드가 씨름했던 우상숭배에 대해 당신은 공감하는가?

4. 굴드는 한 목사의 말을 인용해 예수님이 누구신지를 속속들이 아는 것이 궁극적으로 우상숭배의 유혹을 극복할 수 있는 유일한 길이라고 말한다. 당신은 이에 동의하는가?

5. 당신은 믿음에 대해 헷갈리는 견해를 품었던 적이 있는가? 성경적 믿음이란 무엇인가? 성경적 믿음과 자기부인은 어떤 관계에 있는가? 당신은 교수로서 날마다 어떻게 자기부인을 실천할 수 있을까?

6. 당신은 어떻게 그릇된 소망과 씨름하고 있는가? 당신이 하나님께 소망을 두면 교수로서의 일상적인 활동에 어떤 변화가 일어날 것 같은가?

7. 흔히들 생각하는 교수의 특징은 사랑이 아니라는 말에 당신은 동의하는가? 만일 동의한다면, 왜 그렇다고 생각하는가? 당신은 동료들과 학생들에게 어떻게 기독교적 사랑을 베풀 수 있겠는가?

8. 당신은 기독교를 '춤의 스텝'으로 축소시킨 적이 있는가? 하나님이 최근에 당신의 삶에서 복음의 음악의 볼륨을 높이신 적이 있다면 얘기해보라. 당신이 성경을 공부할 때 본문이 어떻게 우리의 깨어진 상태를 노출시키고 구원자를 가리키는지 물어본다면, 어떤 변화가 생길 것 같은가?

6장

캠퍼스에서의 신앙공동체와 선교

이날부터 세상 끝 날까지,

…… 그 속에 있는 우리는 기억되리라

…… 우리 형제들.

_『헨리 5세』 윌리엄 셰익스피어[1]

오직 성령이 너희에게 임하시면 너희가 권능을 받고 예루살렘과 온 유대와

사마리아와 땅 끝까지 이르러 내 증인이 되리라

_예수(사도행전 1장 8절)

이 책의 터무니없는 생각은 하나님이 그리스도인 교수들을 다른 이들(동료, 행정가, 학생)에게 복음을 전하고, 학문기관과 학문분야를 변혁시키는 역할을 담당하고, 세상의 필요를 채우는 일에 사용하길 원하신다는 것이다. 우리는 하나님

---

1. Ambrose, *Band of Brothers*의 표지에서.

의 위대한 이야기를 살펴보았고, 선교지로서 대학교의 중요성을 고찰했으며, 그리스도인 교수가 대학교 환경 내에서 지닐 수 있는 온전한 모습에 대해 탐구했다. 이 마지막 섹션에서는 선교적 삶의 중요한 측면들을 더 상세히 탐구하고 싶다. 내가 다룰 질문들은 이렇다. 선교적 교수가 대학교의 환경 내에서 활발한 움직임을 보이는 것은 어떤 모습일까(이번 장)? 우리는 기독교의 관점에서 학문에 대해 어떻게 생각해야 할까(8장)? 교수들은 어떻게 지렛대를 이용해 (하나님이 주신) 대학교의 자원을 세상으로 가져갈 수 있을까(에필로그)?

1. 형제와 자매의 공동체

우리 자신보다 더 큰 대의, 인간 영혼을 감동시키고 움직이는 그 대의를 위해 다함께 모이는 것은 특별한 점이 있다. 우리는 우리 자신보다 훨씬 큰 대의를 위해 다른 이들과 함께 살도록 창조되었다. 우리가 부름 받은 극적인 삶을 아름답게 표현할 때 바울이 사용하는 '다함께'라는 어휘를 주목해보라. "**우리는** 그가 만드신 바(문자적으로, 예술품)라 그리스도 예수 안에서 선한 일을 위하여 지으심을 받은 자니 이 일은 하나님이 전에 예비하사 **우리로** 그 가운데서 행하게 하려 하심이니라"(엡2:10). 서로 어깨를 맞대고 선한 일을 하는 것, 곧 온전한 사람들로 살며 사랑하는 것, 이것이 우리가 하나님의 사명을 끌어안는 모습이다.

우리는 모든 창조세계를 구속하고 회복하려는 하나님의 계획 속에 성육신의 충동이 내장되어 있다는 것을 알게 된다. 하나님이 잃어버린 자를 찾아 구원하시기 위해 사람이 되셨고(눅19:10), 예수님은 아버지께로 돌아가 성령을 보내시어(행1:8) 그분을 따르는 사람들 속에 거처를 마련하게 하신다. 그리스도의 증인으로서 우리의 삶과 행동으로 그리스도를 구현할 때 우리가 복음이 된다. 우리는 하나님의 형상으로 빚어진 예술품인 만큼 문자적으로 우리 주변 사람들에게 '작은 예수'가 되고, 복음을 구현하며, 다른 이들에게 그 속에 생명과 빛이 있는 그분을 가리키게 된다. 앨런 허쉬는 "작은 예수의 음모"를 거론하며 하나님은 "모든 동네와 삶의 모든 영역에서 그리스도를 닮은 (구속적) 현존으로 세계를 가득 채우길 원하신다."라고 말한다.[2]

대학 캠퍼스에서 선교적 운동은 어떤 모습일까? 첫째, 하나님의 파트너로서 그분의 사명, 곧 인류를 구속하고 모든 창조세계를 회복하시려는 사명에 동참하라는 선교적 명령을 중심으로 공동체가 형성되어야 한다. 선교를 목표로 삼는 교수 공동체는 개인적 성장에 기여하는 활동들(도서 연구, 성경공부, 기도회, 제자훈련 등)에 참여할 것이다. 왜냐하면 이것이 사명을 수행하는 **도구**이기 때문이다. 그러나 교수 공동체가 만일 교제, 격려, 성경공부나 도서 연구에만 초점을 맞춘다면 결코 선교적 공동체가 되지 못할 것이다. 교수들의 교제는 출석과 에너지, 비전이 부족하여 결국 실패하는 경우가 비일비재하다. 허쉬가 말하듯이, "교회의 담과 경계 바깥에 깃발을 심음으로써(교수 모임을 생각하라) …… 교회(교수 모임)는 거기에 집결함으로써 그 자체를 발견하게 된다. 이것이 선교다."[3]

둘째, 선교적 교수들이 없으면 선교적 운동은 일어날 수 없다. 즉, 우리는 우리 마음을 검토하며 스스로 이런 질문을 던질 필요가 있다. 나는 나의 삶을 하나님의 선교 안에 확고히 두었는가? '예수는 주님이시다'라는 고백을 중심으로 나는 언제나 행동하고 생각하고 말하는가? 그리스도는 나의 핵심 정체성인가? 그렇다고 우리가 모두 완전한 그리스도인이 되어야 한다는 뜻은 아니다. 그런 사람은 하나도 없기 때문이다. 오히려 우리는 은혜의 스캔들과 그리스도의 장

2. Hirsch, *The Forgotten Ways*, 114.
3. 같은 책, 236.

엄함과 영광을 우리의 유일한 소망, 도구, 그리고 삶의 방식으로 수용하는 복음 중심적인 그리스도인이 되려고 애써야 한다는 뜻이다.

교수들[4]의 선교적 운동은 적어도 다음의 여섯 가지 특징을 지녀야 한다고 제안하는 바이다.

① 잃어버린 자를 예수님과 연결시키는 것
② 삶을 변화시키는 제자도
③ 리더와 자원을 증식시키는 것
④ 통전적으로 또 대화로 대학교와 관계를 맺는 것
⑤ 세상에 영향을 미치는 것
⑥ 학문분야를 변혁시키는 것(다음 장)

이제 선교적 운동의 이런 특징들을 하나씩 살펴보고, 우리 교수들의 가르침 및 인간관계와 관련해 개인적 차원과 집합적 차원의 함의에 대해 생각해보자.

2. 잃어버린 자를 예수님과 연결시키는 것

나는 한 세속 대학교에서 가르칠 때 한 학생으로부터 다음과 같은 이메일을 받았다. 그녀를 제니라고 부르겠다.

---

4. 또는 교수들과 학생들. 함께하는 편이 나은 상황과 그렇지 않은 편이 나은 상황이 모두 존재한다.

나는 혹시 당신에게 이런 사람을 위로해줄 말이 있을까 궁금했습니다. 곧 기독교 가정에서 행복하게 성장한 후 인류학과 종교에 관심이 많아져 그 분야들을 전공하기로 결심해서 흥미로운 것을 많이 배우다가 그 모든 지식에 반응하여 많은 환멸과 혼동과 우울을 경험한 사람 말입니다. …… 나는 삶과 죽음에서 전적으로 나 홀로라는 생각을 품고는 도무지 살 수 없기 때문에 내가 모종의 궁극적 실재, 세상의 모든 혼돈 배후에 있는 모종의 완전성, 모종의 초월적 권능이나 힘, 또는 당신이 달리 부르는 그 무엇을 믿을 필요가 있다면 어떻게 하겠습니까? 그러나 나는 하나의 정답만이 있지는 않으리라는 것을 알고 있습니다. 만일 세상에 사는 각 사람이 서로 다른 방식으로 의미를 찾고 있고 제각기 자기가 그것을 발견했다고 주장한다면, 어떻게 단 하나의 보편적 의미가 있을 수 있겠습니까? …… 나는 지금 아무것도 이해할 수 없고 앞으로도 이해할 수 있을지 모르겠습니다. 나는 완전히 길을 잃고 말았습니다.

나는 제니에게 이메일 답장을 보내면서 그에 대한 답변이 있다고 설득하고는 함께 만나서 얘기하자고 권유했다. 우리는 만났다. 나는 복음을 나누는 것과 더불어 그녀가 종교학과 인류학 강의를 통해 배운 기독교에 대한 많은 반론에 대해 처음으로 답변을 줄 수 있었다.

제니와 만난 후 나는 캠퍼스 사역에 종사하는 내 친구 에밀리에게 연락해서 제니에게 후속 조치를 하도록 부탁했다. 내가 제니와 만난 지 20분도 채 안 되어 캠퍼스에 몸담은 다른 그리스도인이 그녀에게 함께 만나자고 초대하는 이메일을 보냈다. 제니는 매주 에밀리와 만나 성경을 공부하기 시작했다. 몇 주가 흐른 뒤 나는 제니로부터 이런 이메일을 받았다.

당신이 나에게 보여준 그림, 그리스도가 원 밖에서 문을 두드리고 계시거나 아니면 안에서 보좌에 앉으신 모습을 알고 있지요? 글쎄, 이틀 밤 전에 나는 마침내 그것을 택하기로 결심해서 그리스도를 내 삶 속으로 초대했습니다. 나는 너무 예민해서 혹시 삶의 변화가 먼저 있어야 하지 않을까 생각했으나, 에밀리는 하나님이 어쨌든 우리를 사랑하시기에 하나님을 내 삶 속으로 모시기 전에 무언가를 보여줘야 한다고 염려할 필요가 없다고 했습니다. 그리고 첫째로 해야 할 일은 예수님을 우리 마음속에 모시는 것이고, 이후에는 그분이 필요하면 우리의 삶이 변화되도록 우리를 도우실 것이라고 일러주었습니다. 아울러 (내가 생각하기에) 에베소서에서는 아무도 자랑할 수 없는 이유는 단지 선행만으로는 우리가 천국에 이를 수 없기 때문이라고 말합니다. 그러려면 믿음이 필요하고, 그를 통해 하나님의 은혜가 우리를 천국에 이르게 합니다. 나는 엉망진창이지만 내게 믿음이 있으면 하나님이 그럼에도 불구하고 나를 영접하실 것이기 때문에, 그건 너무나 아름다운 소식이고 나는 매우 복 있는 사람이라고 느낍니다. 그동안 도와주셔서 감사드리고, 정말로 고마움을 전합니다!

실은 제니와 같은 학생들(과 동료들)이 너무도 많다. 진리를 찾고 있고, 무언가 잘못되었다고 모호하게 인식하면서 당신이 올바른 방향을 가리켜주길 기대하는 그런 사람들 말이다. 그리스도인 교수들이 그들의 믿음을 학생들과 동료들과 열심히 나눌 방법을 찾고, 이후 그들을 더 큰 기독교 공동체로 연결시켜주는 그런 캠퍼스를 상상해보라. 이런 의미에서 캠퍼스는 얼마나 큰 영향을 미칠 잠재력이 있는 곳인가!

우리는 어떻게 잃어버린 자를 대학교의 맥락에 적절한 방식으로 예수님과 연결시킬 수 있을까? 제니가 어떻게 믿음을 갖게 되었는지를 생각해보면 교훈을 얻을 수 있다. 주목할 점은 **복음전도가 하나의 과정**이란 사실이다. 기독교와 경쟁하는 많은 종교가 주변에 있고, 학생들과 교수들이 대체로 기독교에 냉담하고, 비판적 사고방식을 중시하고, 인간의 마음속에 많은 우상이 있는 것을 보면, 오늘날 우리 세계에서 다수의 사람들이 복음을 영접하지 못하게 하는 신념들을 품고 있음을 알 수 있다.

복음전도의 과정은 **나**로부터 시작된다. 나는 그리스도가 없는 사람은 길을 잃었다고 믿는가? 제니는 이미 그렇게 생각했다. 그녀는 자기가 길을 잃었다고, 그리고 인생에는 물리적 우주의 시끌벅적한 현실보다 무언가가 더 있을 것임에 틀림없다는 것을 알았다. 그녀의 영혼은 그 이상을 갈망했다. 그녀는 예수님께 반응할 준비가 되어 있었다. 그러나 잃어버린 자들 모두가 그런 반응을 보일 준비가 되어 있는 것은 아니다.

이 과정의 다음 단계는 하나님과 더불어 한 사람에게서 복음을 영접하지 못하게 막는 장애물을 제거하는 것이다. 제니의 경우, 그녀에게는 다룰 필요가 있는 그릇된 신념이 있었다. 누구에게나 노출될 필요가 있는 마음의 우상이 있다. 제니는 자기의 세계관이 무척 불만족스럽다는 것을 알았다. 그녀는 살아있는 이야기, 그녀를 이해해주는 이야기를 듣고 싶었다. 그리고 기독교가 그 이야기일지 모른다고 생각했고, 금방 그 이야기가 진실하고 만족스럽다는 것을 알게 되었다. 그러나 그녀는 복음에 반응할 수 있기 전에 먼저 기독교가 타당하다는 것을 알 필요가 있었다.

C. S. 루이스는 이렇게 현명하게 말한다. "고대인은, 피고인이 판사에게 접근하듯이, 하나님께(또는 신들에게) 접근했다. 현대인에게는 그 역할이 역전되었다. 현대인이 판사이고, 하나님은 피고석에 앉아 있다."[5] 맞는 말인 듯하다. 역사가

---

5. Lewis, *God in the Dock*, 244.

끝날 때에는 사람이 피고석에 앉게 될 테지만 우리 시대에는 하나님이 피고석에 앉아 계신다. 피고는 예수님이시다. 사실 예수님은 모든 인간의 마음속에서 재판을 받고 계신다. 고소인은 사탄이다. 변호사는 (우리가 아니라) 성령이시다. 우리는 증인이다. 누군가를 그리스도께 이끌어오는 과정에서 성령은 예수님을 변호하도록 일련의 증인들을 소환하신다. 이따금 우리는 전문적인 증인이 되도록 부름을 받을 것이다. 그러나 모든 경우에서 우리는 신실한 증인이 되어야 한다. 우리가 부름을 받을 때는 우리 속에 있는 소망에 대해 대답할 준비를 갖춰야 하고(벧전3:15), 또 하나님의 선교에 열심히 참여해야 한다. 그래서 누군가에게 복음을 전할 때 우리가 그리스도를 소개하는 첫 번째 사람인지, 아니면 백 번째 사람인지는 굳이 몰라도 된다. 당신은 (한 사람을 그리스도께 인도하는) 마지막 증인이 되는 특권을 가질 수도 있고 그렇지 않을 수도 있다. 제니의 경우에는 내가 끝에서 두 번째 증인이었다. 아마 강의실에서는 우리가 그리스도의 마지막 증인이 아닐 가능성이 많지만, 그래도 여전히 증인이 될 것이다(행1:8에서 예수님은 "너희가 내 증인이 될 것이다."라고 말씀하셨지, "너희가 내 증인이 될지도 모른다."라고 말씀하시지 않았다).

복음전도 과정의 마지막 단계는 복음 메시지를 설명하고 반응을 구하는 것이다. 제니는 복음에 즉각적으로 반응할 준비가 되어 있지 않기 때문에, 나의 역할은 그 관계를 유지하면서 그녀를 도울 수 있는 다른 그리스도인과 연결시키는 일이었다. 일단 제니가 에밀리와 복음에 대해 차근차근 정리할 시간을 가지게 되면서 그녀는 반응할 준비가 되었고, 이에 에밀리는 그녀에게 그리스도에 대해 결단을 내리도록 권면했다.

이처럼 복음전도를 하나의 과정으로 이해하면 우리가 대학교에서 가르치고 관계를 맺는 일에서 자유를 누릴 수 있다. 우리는 부흥회를 열기 위해 한 학기에 한 번씩 휴강할 필요가 없다. 우리가 학과 모임에서 전도지를 나눠줄 필요도 없다(아니, 제발 그렇게 하지 말라). 오히려 우리는 우리의 말과 행동으로 그리스도를 구현하고, 성령을 신뢰하며, 하나님이 다른 이들을 그분께로 이끌어주시고 그 과정에 우리를 사용하실 것을 기대할 수 있다.

실제적으로 말하자면, 교수가 잃어버린 자를 예수님과 연결시킨다는 것은 무슨 뜻인가? 교수는 두 그룹, 곧 학생들과 동료들에게 늘 접근하고 영향을 미칠 수 있다. 다른 두 섹션에서는 주로 학생들에게 초점을 맞추겠지만, 창의성을 발휘하면 일부 원리는 동료들에게도 적용될 수 있다. 보다 구체적으로 말해, 여기서 나는 강의실에서 잃어버린 학생들을 예수님과 연결시킨다는 것이 무슨 뜻인지를 묻고 있는 것이다.

약간 뜻밖일지 모르지만, 그것은 당신의 가르침을 어떤 목적을 위한 수단으로 간주한다는 뜻이 아니다. 강의용 탁자는 설교단이 아니다. 오히려 당신의 강의는 소명의식에서 흘러나와야 한다. 그것이 당신의 진정한 직무다. 당신은 복음전도란 본업에 이르기 위해 강의(또는 연구. 후자에 관해서는 다음 장에서 다룰 것이다)를 부업으로 수행하는 사람이 아니다.[6] 오히려 당신의 사명은 당신의 소명에서 흘러나온다. '세속적인 것'(당신의 가르침)을 '성스러운 것'(당신의 믿음)에서 분리시키는 것은 부정직한 일이다. 이는 온전함에서 멀어지는 움직임이다. C. S. 루이스는 그리스도인 교수가 가르치는 일에서 정직하고 온전한 것이 중요하다고 말했다. "그리스도인은 한 가지(문화, 또는 가르침)를 공급해서 받은 돈을 전혀 다른 것 (설교와 변증, 또는 복음전도)을 공급할 기회로 사용해서는 안 된다. 그것은 도둑질이다."[7] 로마노프스키와 매카시가 말하듯이, "우리는 굳이 예수님을 강의실로 모셔갈 필요가 없다. 그분은 이미 거기에 계신다."[8] 당신의 직무는 모든 일에 신실해지

---

6. Romanowski and McCarthy, *Teaching in a Distant Classroom*, 15.

7. Lewis, *Christian Reflections*, 221. 로마노프스키와 매카시가 나에게 이 인용문을 알려줘서 고마움을 전한다. 이 인용문과 괄호는 그들이 쓴 *Teaching in a Distant Classroom*, 30에서 끌어왔다.

8. Romanowski and McCarthy, *Teaching in a Distant Classroom*, 26.

는 것이다.

물론 그 뒷면은 이렇다. 즉 만일 당신이 강의실에 당신의 모든 존재와 모든 지식(기독교를 포함한)을 가져온다면 당신은 더 나은 선생이 될 것이라는 말이다. 로마노프스키와 매카시의 책에도 인용되었듯이, 파커 파머는 좋은 가르침의 원리들을 명쾌하게 진술한다. "좋은 가르침은 테크닉으로 축소될 수 없다. 좋은 가르침은 선생의 정체성과 온전한 인격에서 나오기 때문이다."[9] 말하자면, 당신은 그리스도를 따르는 사람이라는 당신의 핵심 정체성이 가르침의 내용과 방법과 수단을 빚어내도록 허용해야 한다는 뜻이다. 대다수의 경우에는 자기가 그리스도인임을 밝히는 것이 좋다. 많은 교수들(특히 닫힌 국가들에서 가르치지 않는 이들)은 매 학기의 첫날 개인적인 삶에 관해 약간 나누는 시간에 자기가 그리스도인임을 밝히는 것이 가장 쉽다고 한다. 이런 단순한 '신앙고백'이 종종 학생들에게 심대한 영향을 미친다. 학생들은 (수년 뒤라도) 예전 교수들에게 돌아와서 이런 단순한 '신앙고백'과 이후 강의실에서 보여준 그에 따른 삶의 모습이(그리스도에 관해 아무 말도 하지 않았지만) 그들의 회심에 중요한 역할을 했다고 한다. 하지만 강의실에서 강의 자료와 복음을 연결시키는 일 또한 중요하다. 이는 언제나 분명하지 않을지는 모르지만, 모든 진리가 어떻게든 신성을 조명한다면, 어디엔가 어떤 식으로든 복음과의 연결성이 있기 마련이다. 모든 그리스도인 교수가 하나같이 '나의 주제는 어떻게 복음과 연결될까?'라고 질문을 던진다면 어떻게 될지 상상해보라. 아마 (강요되지 않은) 많은 풍성한 토론 노선이 열릴 수 있을 것이다.

예수님은 성경에 선생으로(다른 것들 중에서) 묘사되어 있다. 마이클 로마노프스키와 테리 매카시는 해외에서 가르치는 그리스도인 교수들을 위한 책에서, 우

---

9. Palmer, *The Courage to Teach*, 10, Romanowski and McCarthy, *Teaching in a Distant Classroom*, 30에서 인용함.

리가 기독교적으로 가르치는 것이 무슨 뜻인지에 대한 통찰을 얻으려면 "예수님은 어떻게 가르치실까?"라고 질문해야 한다고 주장한다.[10] 그들이 말하듯이, "예수님은 학생들에게 친숙한 언어를 사용하셨고 그들의 일상생활로부터 시각 자료를 만드셨다. …… [그분은] 새로운 개념들을 설명하기 위해 (알려지고 친숙한) 그분 주변의 것들을 사용하셨다."[11] 예수님은 청중들에게 그분의 가르침, 곧 그분이 그들 앞에서 신실하게 본을 보이신 그 가르침을 적용하도록 도전하셨다. "[그분은] 그분의 학생들과 관계를 쌓으셨고…… [그분은] 종이셨고…… [그분은] 그분의 학생들을 위해 기도하셨다."[12] 요컨대, 예수님은 그분 자신을 내어주심으로써 학생들을 사랑하셨다.

이 얼마나 터무니없는 모습인가! 그러나 얼마나 아름다운 모습인가! 세속 대학교에서 가르치는 그리스도인 교수들 가운데 강의실에서 예수님의 삶과 방법과 가르침을 구현하는 본보기는 많이 있다. 켄 엘징가 교수를 예로 들어보자. 그는 1967년부터 가르쳐온 버지니아주립대학교의 로버트 C. 테일러 경제학 교수다. 그가 웹사이트에 올린 개인적인 교수철학은 이렇다. "나는 [예수님의 종 된 모습]을 나의 가르침에 적용하려고 노력한다. 내가 학급을 가장 잘 이끌기 원한다면 그들을 기꺼이 섬겨야 한다. 선생으로서 내가 지닌 권위는 학생들을 기꺼이 섬기려는 자세와 연결되어 있다."[13] 그러면 엘징가 교수가 학생들을 섬기는 모습은 어떠할까?[14] 그것은 학생들과 **함께** 그리고 그들을 **위해** 기도하는 것, 그들을 정기적으로 집에 초대하는 것, 근무시간을 필요악이 아니라 섬기고 복음을 전할 기회로 보는 것, 그리고 강의를 위해 잘 준비하는 것이다. 그런데 학

---

10. Romanowski and McCarthy, *Teaching in a Distant Classroom*, 93.
11. 위와 같음.
12. 같은 책, 96, 98, 100.
13. Elzinga, "The Academy and Jesus," 31.
14. 이 단락에 묘사된 활동들의 세부사항에 대해서는 같은 글, 31-35을 보라.

생들은 그런 모습을 알아챈다. 엘징가 교수에 따르면, 종종 학생들(그리스도인이 아닌 다수의 학생들도 포함해)이 경제학에 관한 어떤 구실을 만들어 기도 받길 바라면서 그의 교수실로 찾아온다고 한다. 섬김으로써 지도하는 선생의 역설을 보여주는 얼마나 훌륭한 본보기인가.

이와 비슷하게, 갓프리 오줌바 교수는 나이지리아의 칼라바대학교 철학과 교수 겸 문과대 학장으로 아프리카 철학에 크게 기여한 사람이다. 그는 개인적으로 여러 세대의 학생들을 멘토링하고 대학교가 요구하는 것 이상으로 귀중한 시간을 내어준 결과 많은 학생들과 동료들을 그리스도께로 인도할 수 있었다. 중국에서는 런민대학교의 종교학과 소속 하광호교수가 젊은 그리스도인 학자들에게 기독교적 학문과 지적 성실성의 모델로 잘 알려져 있다. 중국의 위계적인 사회에서 하교수는 문화적 규범을 거슬러 박사과정 학생들을 동등하게 대우했고, 학생들의 개인적 필요를 돌보기 위해 자주 불편함을 감수하곤 했다. 하교수의 학생 수백 명은 졸업한 지 오랜 뒤에도 여전히 그를 개인적 친구로 생각하고 있다.

펜스테이트대학교에서 영어를 가르치는 조교수 헤더 홀맨은 그리스도의 깃발 아래 섬기는 일이 얼마나 불편할 수 있는지를 이야기한다.

나는 가장 훌륭한 학생 중 하나로부터 절박한 이메일을 받았다. 그는 이 크고 새로운 프로그램에 지원하는 중인데, 마감일이 **내일**로 바뀌었다. 그는 교수들에게 시급한 추천서를 써 달라고 간청하는 수밖에 없었다.

이는 터무니없이 불편한 일이다. 이곳은 지금 시험 기간이다. 나는 성적을 매겨서 올리는 등 너무 바빠서 겨우 연명하는 중이다. 그런데 당장 추천서를 써야 할 뿐 아니라 이를 위해 모든 것을 멈춰야 한다. 또한 적절한 편지지를 가져오려고 자동차로 도시를 가로질러 내 교수실까지 가야 하고, 추천서를 작성하고 나서, 이후 그 양식을 전달하기 위해 그 학생과 만날 약속을 해야 한다. 아니, 이 학생의 삶이 얼마나 소중하고 중요하기에 내가 할애할 시간이 없는 일을 하려고 그렇게 신경을 써야 하는가? 나는 코트와 스카프를 챙겨들고 장갑과 부츠를 신고 강추위를 무릅쓰고 집을 나선다.

내가 운전하는 동안 마치 하나님은 말도 안 되는 이런 불편한 일의 아름다움에 대해 내게 주실 메시지를 갖고 계시는 듯하다. 어쨌든 하나님은 육체의 불편함을 취하셨고, 생각해보면, 크리스마스와 부활절은 모두 가장 파격적인 불편함을 축하하는 행사가 아닌가. 학생에게 추천서가 필요한 일은 정말 사소한 것처럼 보인다. ……

내가 영문학과로 뛰어 들어갈 때는 미소를 머금고 있다. 그 학생이 (대단히) 소중하기 때문이다. 그 학생이 자신의 꿈의 방향으로 전진하도록 돕기 위해 내가 어찌 그 이상의 수고라도 하지 않겠는가? 내 시간을 그의 시간보다 더 귀중하게 만드는 것이 무엇일까? ……

대학교에서 믿음의 삶을 산다는 것은 내가 불편함을 감수하는 법을 배우는 것을 의미한다. 불편한 것들은 종종 훌륭한 것, 삶을 바꾸는 것, 신적인 것으로 이끌어준다. 나는 집으로 돌아오는 동안 스스로 내가 원하는 유형의 여성으로 변화되고 있다고 느꼈다. 나는 누군가를 위해 말도 안 되는 불편한 일을 수행했고, 또한 나는 그것이 치를 만한 희생이라는 것을 알았다.[15]

사실 다른 사람의 종이 되는 것은 불편한 일이다. 우리의 프로젝트, 우리의 계획, 그리고 우리의 일정에 방해가 되기 때문이다. 그러나 홀맨 교수가 지적하듯이 문제는 이것이다. 즉 그것은 우리의 시간, 우리의 계획이 아니라 모두 하

---

15. Holleman, "The Inconvenient." 그리고 Holleman, "Go Early," in "Grander Story," 145-56을 보라. 아울러 Hove and Holleman, "A Grander Story: An Invitation to Christian Professors"에 대한 캠벨의 서평도 보라.

나님의 것이라는 사실이다. 우리가 그리스도 안에서 우리의 정체성을 발견할 때 그분이 우리에게 주시는 자유에는 우리의 목표와 의제를 제쳐놓고, 하나님과 그분의 타이밍을 신뢰하고, 우리가 잃어버린 자를 예수님과 연결시킴으로써 타인을 섬기는 일에 그분과 함께하는 자유가 포함된다. 이는 파격적으로 불편한 일인가? 그렇다. 이는 터무니없는 일인가? 그렇다. 이것이 우리가 하나님의 종으로서 부름 받은 선교적인 삶이다.

3. 삶을 변화시키는 제자도

6장에서도 얘기했듯이, 나는 대학교 사역을 통해 그리스도인이 되었다. 나는 곧바로 제자도 그룹에 속해 예수님의 길을 가르쳐줄 더 성숙한 그리스도인과 정기적으로 만나기 시작했다. 초신자였던 나는 매주 상급생인 릭과 만났고, 릭은 캠퍼스 간사였던 마크에게서 제자훈련을 받았다. 릭은 나를 사랑하며 지도했고, 나를 위해 기도했고, 나에게 성경을 가르쳤으며, 나를 데리고 나가 나의 신앙을 나누게 했다. 릭이 졸업한 후 나는 마크에게서 제자훈련을 받았다. 마크도 나를 사랑하며 지도했고, 나를 위해 기도했고, 나에게 성경을 가르쳤으며, 나를 데리고 나가 나의 신앙을 나누게 했다. 마침내 나는 더 어린 학생들을 제자로 훈련시키기 시작했다. 나는 그들을 사랑하며 지도했고, 그들을 위해 기도했고, 그들에게 성경을 가르쳤으며, 그들을 데리고 나가 그들의 신앙을 나누게 했다. 나의 삶은 내가 그리스도 안에서 성숙하도록 나를 지도한 사람들의 의도적인 투자에 의해 변화되었다. 주님의 뜻에 따라 내가 제자훈련을 시킨 사람들 역시 그들의 성숙을 위한 나의 의도적인 투자에 의해 변화되었다.

여기서 작동하는 성경적 원리를 영적 증식이라 부른다. 이에 관해 바울은 디모데후서 2장 2절에서 요약한다. "또 네가 많은 증인 앞에서 내게 들은 바를 충성된 사람들에게 부탁하라 그들이 또 다른 사람들을 가르칠 수 있으리라." 이구절에는 영적으로 4세대가 나온다. 바울, 곧 첫 번째 가르침을 베푼 "내", 디모데, 곧 바울의 "사랑하는 (영적) 아들"(딤후1:2), "충성된 사람들", 곧 디모데가 바울의 가르침을 전수할 대상, 그리고 "다른 사람들", 곧 그 가르침을 앞으로 넘겨줄 사람들이다.[16] 바울은 온 세계에 손길을 뻗치기 위한 하나님의 기본설계(master plan)를 표현하고 있는데, 이는 탁월할 만큼 단순하다. 제자들을 훈련해서 그들이 다른 이들을 훈련하고, 또 그들이 훈련하고 하는 것이다. 이것이 바로 예수님의 전략이었고, 여태까지 변하지 않아온 것이다. 그래서 선교학자 로버트 콜먼은 이렇게 말한다.

예수님은 현실주의자셨다. 그분은 인류에 대항하는 이 세상의 사탄적 세력뿐만 아니라 타락한 인간본성의 변덕스러움을 충분히 아셨고, 이런 지식에서 그분은 그분의 복음전도의 근거를 그 필요를 채우게 하는 계획에 두셨다. …… 예수님으로서는 군중 개개인에게 필요한 돌봄을 하나씩 다 베푸는 것이 불가능하셨다. 그분의 유일한 희망은 그분의 삶에 감동을 받은 리더들이 그분을 위해 그 일을 행하는 것이었다. …… 그분은 군중을 돕기 위해 할수 있는 일을 행하셨지만, 대중이 구원받을 수 있도록 일차적으로 대중보다소수의 사람들에게 전념하셨다. 이것이 그분의 뛰어난 전략이었다.[17]

우리도 예수님을 신실하게 따르는 사람이 되고 싶다면, 다른 사람들에게 의도적으로 투자해야 한다. 교수로 부름 받은 당신에게는 독특한 기회와 도전들

---

16. Hershey and Weimer, *The Finishers*, 223.
17. Coleman, *The Master Plan of Evangelism*, 35-6.

이 있다.

오늘날 많은 학생들은 매우 영적이다.[18] 따라서 그리스도인 학생들에게는 다른 학생들의 영적인 삶에 의도적으로 투자할 기회가 제공된 셈이다. 그리스도인 교수는 다른 이들에게 엄청난 영향력을 행사하는 만큼 그들에게 맡겨진 이들이 예수님과 동행하도록 지도하기 위해 그 영향력을 사용할 수 있다. 나는 일부러 '맡겨진'이란 단어를 사용한다. 당신의 강의를 수강하는 학생들을 하나님의 관점에서 보기 시작하라. 그들이 다른 교수의 강의가 아닌 당신의 강의를 듣는 데는 어떤 이유가 있다. 일부 학생들은 단순히 예수님을 알고 사랑하는 교수에게 노출될 필요가 있다. 다른 학생들은 당신에게 깊고 많은 의도적 투자의 기회를 주시기 위해 하나님이 당신의 강의실이나 실험실에 두셨을 가능성이 있다. 당신이 하나님의 인도하심에 열려있는 만큼, 성령님께 민감한 것이 필수적이다. 만일 당신이 그리스도인 대학원생들과 일하고 있다면, 믿음으로 당신의 학문적 책임을 넘어 그들의 마음과 지성이 그리스도를 섬기도록 목양하는 일까지 고려해보라. 당신이 일부 학생들이나 더 젊은 동료들을 제자로 양성하도록 하나님이 부르고 계실 가능성을 고려하길 거부한다면, 그것은 세계복음화에 대한 하나님의 계획을 무시하는 것이다. 이는 더 이상 선교적 삶을 살지 않는 것이다.[19]

물론 독특한 도전들이 있는 것도 사실이다. 특히 많은 권위주의적 문화에서는 학생과 교수 간의 권력구조를 감안할 때, 학생들이 학자의 권위 있는 지위

---

18. 오늘날 학생들의 영적 내러티브들에 대한 개관은 Nash and Bradley, "The Different Spiritualities of the Students We Teach"를 보라.

19. 래리 브라스캄프는 오늘날 대학생들의 신념과 행습을 조사한 후 대학생의 절반 이상이 이렇게 말했다고 전한다. "그들의 교수들은 그들에게 삶의 의미와 목적에 관해 의논할 수 있는 어떤 기회도 준 적이 없고, 거의 절반은 대학 시절에 '종교적/영적 성찰의 기회'를 전혀 갖지 못해서 불만족스러웠다고 한다." Braskamp, "The Religious and Spiritual Journeys of College Students," 130-31.

때문에 학자의 메시지를 따르는 만큼 교수는 권한을 남용하지 않도록 조심해야 한다. 다시금 하나님의 인도하심에 열려있는 만큼 성령님께 민감한 것이 중요하다. 당신은 당신의 강의를 듣거나 실험실에 오는 모든 그리스도인 학생들을 다 제자로 삼을 필요는 없다. 그것은 비현실적인 만큼 비실제적인 기대다. 그러나 당신이 교수이기 때문에 오직 당신만이 특별한 역할을 담당할 수 있도록 하나님이 데려오시는 학생들이 있을 것이다. 나는 단지 그럴 가능성에 열려있으라고 권면하고 있을 따름이다.

모든 그리스도인 교수가 하나같이 캠퍼스에서 적어도 한 학생(대학원생 또는 학부생), 동료, 또는 행정가에게 제자훈련을 하고 있다면 어떻게 될지 상상해보라. 당연히 많은 인생이 변화될 것이다. 복음은 진일보할 것이다. 영적인 증식이 일어날 것이다. 선교적 삶의 이런 측면이 당신에게 가장 어려울 수 있다는 것을 나도 안다. 사실 제자도야말로 그리스도의 몸에서 실종된 가장 중요한 요소 중 하나다. 그러나 하나님은 우리에게 달라지라고 요구하신다. 예수님은 여기서도 다른 여느 곳과 같이 길을 인도하신다. 우리의 안녕과 성숙을 위해 우리의 삶에 의도적으로(그리고 희생적으로) 투자하고 계신다. 우리는 또 다른 인도하심을 좇아간다. 우리는 하나님이 우리를 배치하신 곳에서 사명을 수행하며 살아가는 '일상의 선교사들'이다.[20] 그리고 그 장소는 대학교다. 이제 가서 제자를 삼으라(마 28:19-20).[21]

---

20. Willis and Coe, *Life on Mission*, chap. 1.
21. 일부 기독교 지도자들 가운데는 마태복음 28장 19절에 나오는 '가다'에 해당하는 코이네 헬라어 단어가 분사라서 그것을 명령법으로 해석하면 안 된다는 대중적인 정서가 있다. 오히려 "너희가 가고 있을 때 제자를 삼으라"로 번역되어야 한다는 것이다. 이는 소위 '부대 상황 분사'에 대한 오해로서 헬라어 문법의 초보자들이 하는 흔한 실수이다. 여기서 나는 자세한 설명은 하지 않고 단지 코이네 헬라어 저자가 특정한 방식으로 분사를 사용할 때는 그 분사가 주동사의 법(法)을 취한다는 것만 언급하고자 한다. 마태복음 28장 19절에서 '가다'란 분사는 '삼으라'는 명령의 법을 취한다. 따라서 거의 모든 대표적인 번역본에서 볼 수 있듯이, 예수님의 대위임령은 사실상 하나의 명령이다. 가라! (이에 대한 훌륭한 설명은

4. 리더와 자원을 증식시키라

나는 퍼듀대학교에서 박사과정 학생으로 6년을 공부하는 동안 CCC 교수 사역 간사로도 일했다. 퍼듀의 교수 그룹은 풍부하고 오랜 역사를 지니고 있었으나 내가 캠퍼스에 도착했을 때는 정체되어 있었다. 당시에 많은 그리스도인 교수들이 있었으나(현재도 있으나) 선교적 운동 같은 것은 전혀 없었다. 매 학기마다 꽤 정기적으로 모인 성경/책 공부 그룹이 하나 있었으나 그게 전부였다. 그 그룹은 주인의식이 없었고, 대학 전역을 아우르는 그리스도인 교수와 대학원생의 공동체도 없었다. 하지만 캠퍼스 복음전도에 필요한 모든 자원이 있었고, 잠자는 상태에서 깨어날 날을 기다리는 중이었다.

나는 홀로 그 일을 할 수 없었고 또 해서는 안 된다는 것을 알았다. 그래서 세 명의 교수들로 구성된 리더십 팀을 만들었다. 그들이 주인의식을 품고 교수 그룹을 인도하게 하려는 것이었다. 첫해에 우리는 자그마한 발걸음을 내디뎠다. 다수의 그리스도인 교수들과 행정가들의 서명을 받아 학생 신문에 두 차례 광고를 실었고, 학생들에게 기독교의 진리와 아름다움을 고려해보도록 권유했다.[22] 우리는 점심을 주문하고 강사를 초빙한 채 캠퍼스의 멋진 연회장에서 대규모 월례 모임을 가졌다. 그리고 주간 성경공부를 계속했다. 아울러 연례 일정에 캠퍼스 복음전도를 한 번 추가해서 봄철에 믿지 않는 교수, 학생, 지역사회 주민들의 매력을 끌 만한 심포지엄을 개최했다(초기에는 C. S. 루이스 학자, 대중적인 기독교 변증가, 그리고 대표적인 신약학자를 초빙했다). 그래서 탄력이 생기기 시작했고, 공동의 정체성이 모양을 갖췄고, 하나님의 백성이 그들 자신보다 더 큰 대의에 다함께

Wallace, *Greek Grammar Beyond the Basics*, 640-45를 보라).

22. 광고는 다음 사이트를 참고하라. http://purduecfsn.com/resources/exponent-ads/.

합류함에 따라 복음전도와 제자도가 일어나고 있었다.

내 친구이자 동료 간사였던 코리 밀러가 2010년에 내가 떠난 이후 퍼듀의 교수 사역을 넘겨받았다. 코리는 그 사역을 내가 꿈만 꿀 수 있었던 수준으로 끌어올렸다. 그는 리더와 자원을 증식시키는 일에 계속 성공했다. 지난 수년에 걸쳐 교수 그룹이 '사역'의 국면에서 '선교'로 진입하면서 여러 인생이 변화되고 있다. 매달 그리스도인 교수 포럼(교수들이 그들의 신앙과 학문을 통합하는 주제에 관해 발표하는)이 개최될 뿐 아니라 중국인 방문 학자들을 위한 특별 연구를 포함해 신자, 회의론자, 또는 구도자를 막론하고 교수와 대학원생을 위한 주간 "R and D"(독서 및 토론)가 여럿 열리고 있다.[23] 그리고 월례 기도회와 베를린으로 가는 연례 선교여행, 곧 학생들과 교수들이 함께 잃어버린 자에게 사역하고, 신자들을 구비시키고, 베를린 교수 사역의 발달을 돕기 위한 여행도 실시되고 있다.[24]

교수진은 캠퍼스에서의 복음전도에 관여하고 열린 포럼과 기숙사 토론("교수를 쩔쩔매게 하라"로 불린다)과 대규모 기독교 집회에 참여한다. 교수 사역은 '더 심포지엄'으로 알려진 퍼듀/라파엣 광역 지역의 최대 규모 연례행사를 주관하는데, 이 행사는 매년 행사 비용을 위해 수만 달러를 모금하는 수십 개의 비즈니스, 교회, 그리고 캠퍼스 사역단체들의 후원을 받고 다수의 캠퍼스 사역들을 대표하는 리더십을 포함하는 국제적인 행사로 성장했다. 2013년 2월 1일, 이 그룹은 그리스도인 철학자 윌리엄 레인 크레이그(탈봇신학교)와 무신론자 철학자 알렉스 로젠버그(듀크대학교) 간의 논쟁을 주최하여 60개 국가로부터 14,000명의 생방송 시청자를 끌어냈다. 10만 명도 넘는 청중이 그 논쟁을 비디오로 시청했고, 그

---

23. 최근 주제 중에는 C. S. 루이스의 『순전한 기독교』 연구, 학문적 통합, 인간과 윤리, 기적과 현대과학, 도덕과 경제학, 그리고 행동하는 복음이 포함되었고, 모두 교수나 간사가 인도했다.
24. 퍼듀 교수진과 간사 네트워크의 과거와 현재의 활동을 보고 싶으면 http://purduecfsn.com을 참고하라.

논쟁에 바탕을 둔 책도 출판되었다.[25] 2014년 심포지엄은 인간의 성매매를 주제로 삼아 국제적인 청중도 끌었으며, 포르누(포르노 스타 출신도 포함), 인간 성매매(성노에 출신도 포함), 그리고 윤리에 관한 최고의 리더들을 출연시켰다.[26] 매년 심포지엄이 개최될 때마다 맨 처음에는 그리스도인 교수들이 한 명씩 무대에 나와 그들의 신앙을 짧게 진술한다. 이는 5분도 채 안 되지만 그 뛰어난 학자들이 수천 명 앞에 서서 예수님을 주님으로 믿는 신앙을 선언하는 만큼 강력하고 감동적인 간증이다.[27]

퍼듀대학교에서 지난 몇 년에 걸쳐 일어난 일은 참으로 놀랍다. 하나님의 백성이 믿음으로 전진하여 그들 자신보다 더 큰 대의를 위해 다함께 일할 때 하나님의 영이 움직이신다. 이렇게 성장하는 선교적 운동의 핵심 요소는 복음과 그리스도를 중심으로 조직된 리더와 자원의 개발 및 증식이었다. 모든 대학교에서 이런 일이 일어나길 기원한다!

5. 통전적으로 또 대화로 대학교와 관계를 맺어라

교수들의 선교적 운동은 대학교와 통전적으로, 또한 그 자체의 방식으로 관계를 맺어야 한다. 복음전도, 제자도, 그리고 증식은 그리스도를 위해 대학과 관계를 맺는 데 필요한 특징이지만, 이 셋만으로는 불완전하다. 세계 전역에서 소그룹으로 모이는 많은 그리스도인 교수들은 이미 이 세 가지 특징을 실천하고

---

25. 비디오는 다음 사이트에 있다. http://www.symposiachristi.com/debate/; 책은 Miller and Gould, *Is Faith in God Reasonable?*

26. 2014년 심포지엄은 다음 사이트에서 볼 수 있다. http://www.symposiachristi.com.

27. 2012년 심포지엄에 담긴 "신앙고백을 하는 교수들"이란 비디오는 다음 사이트에 있다. http://www.youtube.com/watch?v=A08bRrQk808.

있다. 이런 그룹들은 잃어버린 학생과 동료를 예수님과 연결시키는 방법, 그들을 제자로 훈련시키는 방법, 그리고 리더와 자원을 증식시키는 전략에 대해 의논한다. 이런 특징을 통해 대학과 관계를 맺는 전략들은, 그리고 그들이 제기하는 질문들은 대체로 기독교 철학의 틀 안에서만 꾸며져 있다.

예를 하나 들어보자. 그리스도인 교수 여덟 명으로 구성된 한 그룹이 말레이시아의 어느 대학교에서 모이기 시작한다. 그들은 다함께 기도하고, 서로를 격려하고, 성경을 읽고, 종종 다른 교수들을 모임에 초대한다. 그들은 사람들이 변화되는 것을 보고 싶기 때문에 그리스도를 위해 학생들과 동료들에게 접근하기 위한 전략을 논의한다. 이런 논의에서 나오는 모델은 보통 복음전도와 제자도와 증식을 삶으로 실천하는 다양한 수단을 포함한다. 예컨대, 그 가운데 일부는 학생 소그룹을 만들어 멘토링을 제공하기로 결정하고, 어떤 이들은 자기 집에서 동료들과 제자훈련 그룹을 시작하기로 하며, 또 어떤 이들은 교수들을 지역교회로 초대하기 위한 계획을 제안한다.

이런 전략들은 분명히 대학교와 관계를 맺는 데 중요한 역할을 하기 때문에 이 모델을 굳이 경시할 필요는 없다. 하지만 스리랑카 학자 비노스 라마찬드라(IFES 대화 및 사회참여 총무)와 테리 할리데이는 수년 동안 다른 모델, 곧 라마찬드라가 "대학 참여의 성육신 및 대화 모델"이라 부르는 것을 옹호해왔다.[28] 이 모델에서는 그리스도인 학자들이 대학교가 이미 묻고 있는 질문들을 발견하려고 노력한다. 대학생들과 교수들에게 이미 중요한 이슈들은 무엇인가? 이후 믿는 학자는 학생들 및 교수들과 함께 기독교적 관점에서 이런 질문들과 이슈들에 관해 겸손한 자세로 대화를 나눈다. 그런데 진정한 대화가 그렇듯이, 그 대화는 쌍

---

28. 라마찬드라의 모델에 대한 명쾌한 요약은 그의 탁월한 유튜브 비디오를 보라. http://www.youtube.com/watch?v=3KIQ-FRu7r8.

방통행식의 진솔한 것이다. 믿는 학자는 성실하게 경청하며 그로부터 배운다.

예컨대, 라마찬드라는 그런 모습을 이렇게 묘사한다. 그리스도인 교수들이 그들의 소그룹에서 나가 예컨대 천문학회 또는 불교도회에 가입하여 특정한 주제에 관한 교수 워크숍에 참석한다. 거기서 믿지 않는 동료들과 사귀고 **그들이 묻는** 질문과 **그들이 나누는** 대화, 곧 굳이 기독교 철학의 틀에서 나오지 않는 그런 대화를 발견한다. 이후 친절하고 참을성 있는 대화를 통해, 그리스도인 교수들은 사려 깊게 또한 영리하게 이런 대화의 방향을 좀 더 기독교적인 궤도로 바꾸고, 설득력을 발휘하여 그 학과의 연구 의제에 영향을 주거나 기독교적인 대학 정책을 실행하기 위해 애쓴다. 그러나 이는 대화의 한쪽 면일 뿐이다. 다른 한편으로 그리스도인 교수들은 대학교의 질문과 대화를 그들의 소그룹으로 가져와서 그것들에 의해 변화를 겪게 된다. 라마찬드라가 현명하게 말하듯이, 이렇게 하려면 담대한 발언과 겸손한 경청이 반드시 필요하다.

요컨대, 대학교와 통전적으로 또 대화로 관계를 맺으려면, 기독학자회(the Society of Christian Scholars)가 말하듯이, 믿는 교수가 학생, 동료, 대학 전체, 그리고 학문분야 등 모든 것과 관계를 맺으려고 해야 한다.[29]

6. 세상에 영향을 미쳐라

하나님이 우리에게 주신 사명의 일부는 '세상을 바꾸는 사람'이 되는 것이다. 제임스 데이비슨 헌터가 세상의 변화에 관한 뛰어난 책에서 말하듯이, "그리스도인이 된다는 것은 세상과 관계를 맺을 의무를 지고, 개인적이고 집합적인 영

---

29. www.SocietyofChristianScholars.org, www.universityresources.org.

역과 공적이고 사적인 영역 등 삶의 모든 영역에 대해 하나님의 회복 계획을 추구하는 것이다. 이것이 창조명령이다."[30] 이는 예수님(마28:16-20)과 누가(행1:8)가 강조했던 명령이기도 하다.

세계 전역의 모든 도시와 마을 출신의 그리스도인 교수는 이 의무를 공유한다. 20세기 중반까지는 사람들이 '선교사'란 말을 들으면 지리적 경계를 넘어 국제적으로 그리스도를 섬기는 서양 그리스도인을 머릿속에 떠올렸다. 감사하게도 이 (그릇된) 개념이 바뀌었다. 사실은 기독교의 초창기부터 선교사들이 지구의 거의 모든 지역에서 밖으로 나갔다. 선교학자 티모시 텐난트는 이렇게 묘사한다. 기독교 선교는 "서양이 나머지 세계로 나가는" 노력(그런 적이 없었다)이 아니라 "모든 곳에서 모든 곳으로 나가는" 노력이다. 달리 말해, 아프리카, 아시아, 남북아메리카, 태평양, 그리고 동유럽과 서유럽에 속한 그리스도인 교수들은 그들의 기관을 넘어 세계에 어떻게 영향을 미칠지에 대해 전략적으로 기도해야 한다.

일부 교수들, 특히 이른바 기독교 지역에서 섬기는 이들은 기도하면서 그들과 다른 나라 또는 다른 지역에서 교수 자리를 찾아보는 것을 고려할 필요가 있다. 이를 성취하는 방법에는 여러 가지가 있다. 당신은 어쩌면 안식년 기간에 단기적인 자리를 찾을 수 있다. 또는 어떤 이들은 해외로 이동할 기회를 얻을 수 있다.[31] 세상에 영향을 미치기로 선택하는 다른 이들은 계속 지역적으로 섬기는 한편 세계적으로 영향을 미칠 방법에 대해 합심해서 생각하는 것이 필요하다. 이는 국제적인 학생 및 동료와 관계를 맺는 일, 국제적인 저널에 논문을 발표하는 일, 그리고/또는 해외의 소장파 학자들을 멘토링하는 일을 통해 가능하다.[32]

---

30. Hunter, *To Change the World*, 4.
31. 국제적으로 섬길 기회에 대해 알려면 기독학자회(www.SocietyofChristianScholars.org)에 가입하라.
32. 다른 교수들의 멘토로 섬길 기회를 알려면 기독학자회에 가입하라.

그리스도인 교수들은 전략적으로 또 영향력 있는 방식으로 그리스도를 위해 세상에 영향을 미칠 수 있는 독특한 입장에 있다. 특히 사회에서의 전략적 위치와 전문적인 훈련을 감안해도 그렇고, 그들이 국경을 넘어가면 즉시 존경을 받기 때문에도 그렇다. 학자들은 편협하게 선교의 소명을 교수들을 배제시키는 특별한 직분으로 이관시키면 안 된다. 선교학적 도표를 보면 학자들이 자기네 학문기관을 넘어 세계에 영향을 미칠 수 있는 여지가 풍부하고, 또 그럴 만한 엄청난 필요도 있다.

토론을 위한 질문

1. 굴드는 우리가 우리 자신보다 더 큰 대의를 위해 다른 이들과 함께 살아가도록 부름을 받았다고 주장한다. 당신은 이에 동의하는가? 이는 대학교에서 어떤 모습을 띨까? 교회에서는 어떨까? 지역사회에서는 어떨까?

2. 당신은 대학교의 맥락에서 어떻게 당신의 믿음을 나누는가? 어떤 것이 유익했는가? 가장 어려웠던 것은 무엇인가? 복음전도를 하나의 과정으로 생각하는 것은 도움이 되는가?

3. 당신의 학문적 주제는 복음과 어떤 관계에 있는가? 강의실이라는 맥락에서 당신은 어떻게 창의적으로 그런 관계를 맺을 수 있을까?

4. 당신은 학생, 동료, 또는 행정가로 인해 불편함을 감수한 적이 있는가? 그런 경우 어떻게 반응했는가? 복음이 당신의 반응에 어떤 영향을 줄 수 있을까?

5. 당신은 제자훈련을 받은 적이 있는가? 그 제자훈련은 당신의 삶을 어떻게 변화시켰는가? 당신이 다른 사람에게 제자훈련을 시킨 적이 있는가? 어떤 경험이었는지 얘기해보라. 현재 당신의 삶에서 하나님이 당신에게 제자훈련을 시키라고 보낸 사람은 없는가?

6. 당신이 속한 그리스도인 교수 그룹에서 당신이 리더십을 발휘할 수 있는 영역은 무엇인가? 하나님이 금년에 당신에게 어떤 믿음의 발자국을 내딛도록 요구하시는가? 당신의 캠퍼스에서 다른 이들을 어떻게 하나님의 선교에 참여시킬 수 있을까? 현재 당신의 캠퍼스에는 잠자고 있으나 곧바로 일깨워서 사용할 수 있는 자원이 있는가?

7. 만일 당신의 캠퍼스에 그리스도인 교수 그룹이 없다면, 당신은 어떻게 그런 그룹을 시작할 수 있겠는가?

8. 당신은 그리스도의 증인으로서 어떻게 강의실, 학과, 그리고 대학교에서 신실한 존재가 될 수 있을까? 그런 신실한 존재가 되면 어떻게 세상이 조금 더 나아지게 될까?

7장
학문분야를 변혁시켜라

과학자의 기도 …… 주님, 나의 발견이 지식을 증가시키고 다른 이들을 도
울 수 있게 해주소서. 그게 안 되면, 주님, 그것이 사람의 파멸로 이끌지 않
게 해주소서. 그게 안 되면, 주님, 《Brain》에 실린 내 글이 그 파멸이 일어나
기 전에 출판되게 해주소서[1]

네가 어떤 이상한 것을 우리 귀에 들려주니 그 무슨 뜻인지 알고자 하노라
_사도행전 17장 20절

우리는 대학교의 맥락에서 신실함의 문제를 탐구해왔다. 지난 장에서는 선
교적 운동의 특징에 대해 생각했다. 이번 장에서는 우리 학문분야의 관점에서
신실함의 문제를 생각하되 구체적으로 학문적 통합이란 주제를 다루려고 한다.
오늘날의 문헌에는 학문적 통합을 설명하려는 시도가 여럿 있으나 모방할 만한

---

1. Walker Percy, *Love in the Ruins*, 7-8.

명백한 모델은 별로 없는 편이다. 유익한 학문적 통합 모델을 제공하려는 도전은 학문적인 삶이 학문분야에 따라 천차만별이기 때문에 더욱 복잡해지고, 이로 인해 신앙과 학문의 통합에 대한 보편적인 접근을 제시하는 일이 더더욱 어려워진다. 그래서 선교 명령의 관점에서 새로운 접근을 시도하는 일이 필요하다. 이번 장에서 나는 한 학문분야의 구조를 탐구함으로써 그런 학문적 통합 모델을 설명하려고 시도할 것이다.

1. 그리스도인 학자와 하나님의 선교

그리스도인 학자는 신앙과 학문을 통합해야 할 이유가 여럿 있다. 진리는 하나라서 본인의 신앙적 헌신과 학문분야를 분리해 구획화하는 것은 사실상 삶의 모든 영역에 대한 하나님의 주되심을 부인하는 것이다.[2] 그리스도인 학자가 소명에 충실하려면 그들의 신앙에 입각해 학문을 연구해야 한다.[3] 하나님은 그리스도인을 삶의 모든 활동에서 탁월하도록 부르셨고, 여기에는 학문 활동도 포함된다.[4] 예수 그리스도는 지식에 필요한 토대, 동기, 그리고 자양분을 공급하신다.[5] 이런 이유들로 인해 신앙과 학문의 통합은 그리스도인 학자에게 필수불가결한 과업이다.

상기한 이유들은 성경에 분명히 표현된 하나님 이야기의 큰 틀 안에서 더 큰 의미와 중요성을 지니게 된다. 장대한 성경 내러티브에 의지할 때 그리스도인

---

2. Hasker, "Faith-learning integration."

3. Hughes, *The Vocation of a Christian Scholar*.

4. Köstenberger, *Excellence*.

5. Noll, *Jesus Christ and the Life of the Mind*.

학자는 좀 더 탄탄한 신실함의 모델을 개발하는 데 도움을 얻을 수 있다. 신앙과 학문의 통합에 대해 서로 다르고 단순화된 견해들이 많이 생긴 것은 성경의 내러티브를 온전히 이해하지 못했기 때문이라고 나는 생각한다.[6] 이런 저자들은 신앙과 학문이란 주제를 다루고 있긴 하지만, 학문분야를 명확하게 정의하지 못하고(못하거나) 그런 통합을 장대한 성경 내러티브 안에 두지 못하기 때문에 신실함의 중요한 요소 하나를 간과한다.

그 중요한 요소는 성경 전체를 관통하는 선교적 충동이다. 따라서 우리는 신실함의 모델을 개발하는 데 이 선교적 충동의 안내를 받을 것이다. 선교적 소명은 성스러운 것과 세속적인 것을 이분화하지 않는다. 하나님의 선교는 창조세계의 모든 것을 포괄한다. 그리스도의 주되심 아래서, 예배와 일, 기도 및 친구와의 대화, 그리고 삶의 모든 영역은 그리스도께 영예와 영광을 드릴 수 있는, 하나님이 지정하신 활동들이다. 그런즉 학자의 과업의 일부는 대학교에서의 연구와 가르침과 섬김을 (복음의 모든 차원에서) 복음의 진보와 연결시켜서 온 땅에 샬롬과 복을 가져오게 하는 것이다.

그리스도인 학자가 신앙과 학문을 통합시키려면 다음 세 가지 면에서 지혜로울 필요가 있다. ① 학문적 추구의 본질적인 선(善)을 소중히 여기는 것(아래편을 보라), ② 자신의 학문분야(그리고 오늘날 학제적 연구의 필요성을 감안하면 다른 분야들까지)와 관련된 연구를 추진하는 것, 그리고 이와 동시에 ③ 세상의 필요에 관여하는 것 등이다. 학자들은 이 접근을 취해서 복음에 대한 타당한 견해를 세상에 제공할 수 있고, 그들의 연구가 물리적 필요와 영적 필요를 모두 채우는 방향으로 나갈

---

6. 몇 가지 예를 들면 다음과 같다. Claerbaut, *Faith and Learning at the Edge*; Harris, *The Integration of Faith and Learning*; Hughes, *The Vocation of a Christian Scholar*; Marsden, *The Outrageous Idea of Christian Scholarship*; Mellichamp, *Ministering in the Secular University*; and Poe, *Christianity in the Academy*.

수 있다. 그래서 대학교나 어느 학문분야 내에서 어떤 신실함의 모델을 만들든 지 그것은 반드시 그리스도인 학자의 선교적 수명을 고려해야만 한다. 따러서 중요한 질문은 이것이다. 선교적 충동의 안내를 받는 그리스도인 학자는 어떻게 자기 학문분야에서 신실하게 그리스도를 섬길 수 있을까? 이에 대한 답변은 자신이 내리는 학문분야의 정의에 달려있다.

2. 학문분야란 무엇인가?

'학문분야의 변혁'이란 표현은 그리스도인 학자들 사이에 흔히 오가는 말이다.[7] 이는 가치 있는 목표지만, 그리스도인 학자의 일차적인 목표가 되어서는 **안된다**. 오히려 신실함 또는 진정한 기독교적 헌신이 일차적 목표가 되어야 한다. 이런 헌신의 결과로 학문분야가 변혁되어 그 분야가 하나님의 것들에 대해 더 열리게 되는 것이다. 따라서 그리스도인 학자가 던질 일차적 질문은 "우리가 우리의 학문분야를 어떻게 변혁시킬 수 있을까?"가 아니라 "우리가 우리의 학문분야에서 어떻게 그리스도를 위해 신실하게 살 수 있을까?"이다. 이 두 질문에 답변하려면 먼저 학문분야의 정의(定義)를 이해할 필요가 있다.

학문분야를 이해하는 방식에 대한 견해들은 대체로 학문 자체의 개념을 이해하는 방식에 부합한다. 한 가지 두드러진 견해, 아마도 오늘날의 세계를 지배하는 듯한 그 견해는 학문이 객관적이고 공평한 인지적 발견 과정의 최종 결과라는 것이다. 이 **순진한 사실주의**(naïve factualism) 관점에 따르면, 학자는 발견될 여지가 있는 사실들에만 초점을 두기 위해 자신의 편견과 선입견과 가치관을

---

7. 예컨대, Carson, *Christ and Culture Revisited*, Niebuhr, *Christ and Culture*를 보라.

뒤에 남겨놓은 채 학문 과정에 관여한다. 그런데 보다 최근에 두각을 나타낸 또 다른 견해는 학자가 발견할 객관적인 사실은 없다고, 즉 이미 주어진 세계는 없다고 주장한다. 그래서 학문은 어떤 관점을 평범한 경험에 부과하는 것이라고 한다. 이 **사회적 구성주의**(social constructivism) 견해에 따르면, 학자들은 다양한 배경 신념, 선입견, 가치관, 그리고 행습을 지닌 인간들로서 연구에 참여하며, 이런 것들이 학술 작업의 과정과 산물에 영향을 준다. 이 두 견해는 또한 학문분야가 정의되는 방식에도 적용될 수 있고, 각각 그 나름의 장점과 단점이 있다. 각 견해를 상세히 살펴보면 학문분야에 대한 대안적인 견해, 즉 내가 **관점적 사실주의**(perspectival factualism)라고 부르는 견해를 이해하는 데 도움이 될 것이다.

3. 순진한 사실주의

순진한 사실주의는 하나의 학문관(觀)으로서 그 자의식적 표현을 프랜시스 베이컨의 『신기관(*New Organon*)』과 "지성의 우상들"에 관한 그의 논의에서 찾는다. 지성의 우상들이란 인간이 온전히 이성적인 행위자가 되는 것을 막는 다양한 편견들을 말한다.[8] 베이컨의 견해인즉, 학자들은 과학적 연구를 수행하기 위해 이런 편견들을 제거해야 한다는 것이다. 이 관점에 따르면, 학문분야는 특정한 주제에 관한 객관적 사실들을 모아놓은 것으로 이해하는 것이 최선이다. 예컨대, 물리학이란 학문은 소립자들과 원자들, 그리고 그것들이 어떻게 상호작용하는지에 대한 일단의 사실들로 이뤄져 있다. 생물학이란 학문은 살아있는 유기체들에 관한 일단의 사실들로 구성되어 있다. 철학의 분야는 세계와 그 구조에

---

8. Bacon, *New Organon*.

관한 일단의 사실들이다. 그 외 다른 학문 분야들도 마찬가지다. 여기서 학자는 학문분야와 구별되는 별도의 실체다. 그는 발견을 통해 일단의 사실들을 연구하고 비판하고 추가하는 객관적이고 초연한 학자로서, 일단의 사실들과 관련된 다양한 행습에 관여한다. 이 관점에서 보면, 신앙과 학문의 통합은 학문분야에서 나온 일단의 사실들을 가져와서 기독교 세계관을 이루는 일단의 사실들에 일치시키는 것에 해당한다. 그런즉 그리스도인 학자의 경우, 진정한 기독교적 헌신은 자신의 가르침과 연구, 글쓰기의 인지적 내용의 견지에서 이뤄지게 된다. 성경은 규범적 역할을 수행하지만 오직 인지적 내용의 견지에서만, 그리고 보통은 근본원리의 견지에서 그런 역할을 한다. 예컨대, 신학자 알 월터스는 이렇게 말한다.

> 만일 모든 학문분야가 상당한 정도까지 근본 가정들에 의해 형성되는 것이 사실이라면, 그리고 그런 가정들이 근본적으로 종교적 선택을 포함하고 있다면, 성경이 학문분야에 미치는 규범적 영향은 …… 일차적으로 성경이 근본 가정들에 대한 우리의 선택을 지도하게 하는 문제다.[9]

월터스는 학문분야가 순전히 사실들로 이뤄져 있다고, 그리고 학자들을 위한 성경의 일차적 역할은 이론화를 위해 정확한 토대를 제공하는 것이라고 가정한다. 통합의 과업은 학문의 토대에 있는 세속적 가정들을 성경적인 가정들로 대체하고 후자의 우월성을 논증하는 것에 해당한다. 그래서 신앙과 학문의 통합은 사실들 간의 관계를 '점검하는' 것으로 축소된다. 만일 기독교적인 '책'에서 나온 어떤 사실이 그 분야의 '책'에서 나온 사실과 상충된다면, 그리스도

---

9. Wolters, "No Longer Queen," 60.

인 학자는 그 분야의 '책'에서 나온 사실을 배격하거나 수정해서 기독교와 일관성이 있게 만들어야 한다.

학문분야에 대한 이런 견해는 우리가 공감할 만한 부분이 많다. 각 학문분야는 연구되고, 비판되고, 실제적인 문제에 적용되는 일단의 지식을 갖고 있다. 진정한 기독교적 헌신은 진실로 그리스도인 학자들에게 그들의 믿음의 내용이 그들의 이론화에 영향을 미치게 하도록 요구한다. 그러나 순진한 사실주의에는 한계가 있다. 첫째, 한 학문분야를 다른 분야로부터 구별시키는 사실들의 집합이 명백히 규정되지 않거나, 다양한 사실들이 반드시 다른 분야가 아닌 한 세트에 속한다는 것도 분명치 않다. 지적 설계가 과학이나 철학, 또는 종교로 간주되는지 여부에 관한 최근의 논쟁이 하나의 실례다. 이 논쟁은 과학이나 철학이나 종교에 어떤 본질이 있다고 가정하지만, 지성사의 관점에서 보면, 사실 각 그룹에 속한 일단의 사실들은 유동적이었다. 역사적 관점에서 보면, 많은 학문분야가 비교적 새로운 분야들이다. 인간의 지식이 진보함에 따라 새로운 하위 분야가 계속 개발되고 있다(예컨대, 생물학과 공학을 합치는 생체모망학[biomimetics]이란 새로운 분야를 보라).[10]

순진한 사실주의는 학문분야와 밀접한 관계가 있는 듯 보이는 중요한 요소들을 생략한다. 말하자면, 학문분야의 문화를 형성하는 가치들, 특성, 개인적 및 집합적 내러티브들, 그리고 일단의 행습과 신념들을 빠뜨린다는 것이다. 학문분야를 사실들의 집합으로 취급하고 그 실무자들을 객관적이고 초연한 연구자들로 취급함으로써, 학문적 프로젝트의 여러 측면들과 사실들을 평가하고 해석할 때의 상호작용을 무시하고 만다. 더구나 그리스도인 학자의 경우, 진정한 헌

---

10. 학문분야의 기원과 발달에 관한 유익한 논의는 Lloyd, *Disciplines in the Making*을 보라. 과학을 비(非)과학으로부터 구분하는 법의 문제에 관한 유익한 논의는 다음 글들을 보라. Laudan, "The Demise of the Demarcation Problem," and Menuge, "Against Methodological Materialism."

신은 정확한 일단의 사실들에 대한 동의를 넘어선다. 구체적으로, 그리스도인 학자는 하나님에 의해 증인과 대리인이 되도록, 그리고 학문분야 내에서 하나님의 구속 및 갱신 사역의 증거를 제시하도록 부름을 받았다.[11] 니콜라스 월터스토퍼가 강조했듯이, 그리스도인 학자의 활동은 "샬롬 안에서의 정의(justice-in-shalom)"[12]란 대의에 기여해야 한다. 그런 기여는 한 학문분야에 대한 탄탄한 이해와 신앙과 학문 간의 다른 풍성한 연관성에 대한 인식을 전제로 한다.

4. 사회적 구성주의

학문에 대한 사회적 구성주의 견해는 그 자의식적 표현을 "사실은 없고 해석만 있다."라는 니체의 말에서 찾는다.[13] 그리고 보다 최근에는 데리다, 곧 명제에 관해 말하면서 "선험적 기의(signified)의 부재는 의미(signification)의 영역과 놀이를 무한히 확장한다."[14]라고 진술한 데리다의 말에서 찾는다. 이 견해에 따르면, 학문분야는 학자들이 보편적 진리 없이 특정한 관점에서 연구되는 일단의 문제나 현상을 중심으로 자기 자리를 잡는 영속적인 분야로 이해하는 편이 최선이다. 객관적 세계가 존재하지 않기 때문에 학자 또는 학자 그룹은 특정한 내러티브 내에서 의미와 목적을 찾도록 권유받는다. 사회적 구성주의 관점에서 보면, 학문 활동의 최종 결과뿐 아니라 그 과정에도 자신의 배경 신념, 선입견, 가치관, 그리고 행습이 영향을 미친다. 그렇지 않고 학문에 관여하는 것은 불가능하다.

---

11. Wolterstorff, *Reason within the Bounds of Religion*.
12. Wolterstorff, *Educating for Shalom*.
13. Nietzsche, *The Will to Power*, 267.
14. Derrida, *Writing and Difference*, 280.

그래서 학문기관은 권력을 위해 싸우는 이해관계가 얽힌 방대한 영역이고, 학문분야는 다양한 관점에서 취하는 사회적 행습으로서 그 가운데 어느 것도 보편적으로 타당하지 않고 또 구속력도 없다.

이 틀 내에서는, 학자로서 그리스도께 신실하다는 것을 일차적으로 올바른 삶의 견지에서 이해한다. 그리스도인 학자는 사랑, 겸손, 지혜 같은 그리스도의 가치들과 미덕들을 구현할 것으로 기대된다. 통합이란 것은 그리스도인 학자가 그리스도 안에서 성숙해지고 다른 이들을 기독교 학문 공동체로 초대해 의미를 찾게 할 때 이루어지는 법이다. 성경은 대학교 또는 지성적인 삶 전반에 대해 선험적 의미를 지니지는 않지만, 학자가 소속한 기독교 공동체에 대해서는 의미, 자양분, 가치의 근원이 된다.

사회적 구성주의 견해에는 추천할 만한 점이 많다. 계몽주의 프로젝트의 실패는 편견이 없고 완전히 객관적인 합리성이 신화임을 가리킨다. 인간은 근본적으로 몸을 가진 존재라서 가치판단, 배경 신념, 그리고 문화적 규범을 학문 프로젝트에서 분리시킬 수 없다는 주장 역시 공감된다. 이런 관찰은 중요한 인식론적 논점이다. 하지만 그들은 객관적 실재나 이미 주어진 세계가 존재하지 않는다는 형이상학적 주장을 정당화하지는 못한다.

5. 관점적 사실주의

사회적 구성주의에 반해, 대학교에 몸담은 대다수의 학자는 이미 주어진 세계가 있다고 가정하고 학문 활동을 수행한다. 그래서 학자의 과업은 기본적으로 세계를 만드는 것이 아니라 발견하는 작업이다. 순전한 사실주의에 반해, 대학교에 속한 대다수의 학자는 배움과 발견이 단지 이성적 행위자가 육체 없이 수행하는 활동은 아니라고 시사한다. 그런즉 학자의 과업은 기본적으로 사회적이고 관점적인 성격을 지닌다. 관점적 사실주의는 이런 통찰을 영입하는 만큼 학문분야를 이해하고 규정짓는 면에서 더 정확하다고 나는 생각한다. 학문분야는 실제로 사실에 입각해 있다. 그러나 학문 프로젝트는 다양한 관점에서 접근하는 것이고, 각 관점은 연구할 현상이나 해결할 문제에 대해 독특한 인지적 접근을 제공한다. 월터스토프가 주장했듯이, 개별적인 서사적 정체성은 "실재의 여러 차원에 장애가 되기보다는 접근을 가능하게" 해준다.[15] 그리스도인 학자에게서 이런 관점이 지닌 이점은, 학문은 본래 사회적이고 관점적인 성격을 갖고 있기 때문에 다양한 서사적 정체성(독특한 기독교적 관점을 포함한)이 각 학문분야에서 환영을 받아야 한다고 주장할 수 있다는 것이다.

학문 활동에 대한 이런 이해는 기독교 세계관 내에서도 정당화된다. 마크 놀은 이렇게 주장한다.

> 기독교의 중심에 있는 특수성(particularity)은 진리에 대한 뿌리 깊은 관점적인 이해, 곧 보편적 진리의 가능성에 대한 확신 [뿐만 아니라] …… 시간, 장소, 문화적 가치, 그리고 사회적 위치 등 다른 모든 특수성의 결정적 중요성을 당당하게 수용하는 이해를 정당화한다.[16]

학문의 개념 및 학문분야에 대한 이런 이해는 자연주의적 관념과 포스트모던 관념을 잘라낸 만큼 많은 학자의 실제적인 이해 및 행습과 조화를 이룰뿐더러, 그리스도인 학자의 통합 과업을 지도할 만큼 풍성한 관점을 제공한다. 관점적 사실주의는 또한 그리스도에 대한 신실함이 학문분야를 변혁시킬 것이란 주

---

15. Wolterstorff, *Educating for Shalom*, 239.
16. Noll, *Jesus Christ and the Life of the Mind*, 58.

장을 지지하기도 한다.

신앙과 학문의 통합은 종종 그리스도인 학자들 사이에 학문분야를 변혁시키는 확실한 방법으로 개진되곤 한다. 학문분야의 변혁이 그 목표다. 현재 신앙과 학문의 통합을 위한 다양한 전략이 있는데, 그 각각에 장점과 단점이 있다. 통합을 위한 일부 전략은 보다 우월한 것으로 주장되며, 그에 따른 행동 방침이 학문분야의 변혁에 필요하다고 한다. 하지만 변혁(transformation)이란 목표는 고상하긴 해도 잘못 설정한 것이라고 나는 주장한다. 그 대신 그 목표는 그리스도에 대한 신실함이어야 하고, 그에 따른 부산물이 한 분야의 변혁이 될 수 있을 것이다.

예를 들면, 윌리엄 해스커는 그리스도인 학자로서 학문분야에 관여하는 방법과 관련해 세 가지 접근이 있다고 주장했다.[17] **양립주의 전략**(compatibilist strategy)은 기독교 신앙과 학문분야의 실질적 조화를 전제하고 그런 가정을 어떻게 유익하게 공유할 수 있는지를 증명하려고 한다. **변혁주의 전략**(transformationist stragegy)은 기독교 신앙과 학문분야 간의 기본적인 타당성과 통일성을 일부 찾는 한편 변화될 필요가 있는 불협화음도 일부 발견한다. **재건주의 전략**(reconstructionist strategy)은 기존 학문분야와 기독교 신앙의 가정과 주장 사이에 근본적인 긴장을 찾고 한 분야를 그 토대로부터 완전히 재건하려고 한다.

신앙과 학문의 통합에 대한 관점적 사실주의와 선교적 접근을 감안할 때, 나는 변혁주의적인 (전략이 아닌) 비전이 대학 내에서 그리스도께 신실해질 때 따르게 되는 결과일 것으로 생각한다. 타락한 세계에서 기존의 어떤 학문분야가 그리스도인 학자 또는 기독교 학문 공동체의 이론 및 이상적 행습과 완전히 양립할 수 있다고 생각하는 것은 어불성설이다. 학계에서는 다원주의가 하나의 현

---

17. Hasker, "aith-learning integration: An Overview."

실이다. 따라서 양립주의적 비전은 한 마디로 불가능하다.[18] 하지만 재건주의적 비전도 똑같이 비현실적이며 심지어 불필요하다. 학문분야 내에는 그리스도인 학자가 긍정할 수 있는 것이 많은 편이다. 모든 사람이 하나님의 형상으로 창조되었다는 신념, 일반은총의 교리, 그리고 개인적 경험은 비그리스도인들이 특정한 사안에 관한 진리를 발견할 수 있고 종종 발견한다는 사실을 입증한다. 이에 덧붙여, 학문분야 내에는 명시적으로 기독교적인 것이 아니라도 그리스도인 학자가 수용할 수 있는 가정(假定)들이 많이 있다. 그리스도인은 이런 가정들(예. 자연의 한결같음 또는 합리성이 가능하다는 가정)에 대해 독특한 근거를 제공할 수 있어도, 그 분야의 다른 학자들은 왜 그런 가정들이 타당한지 정당화할 수 없을 수 있다.

그런즉 변혁주의적 비전은 두 극단 사이에 있는 중간적 견해인 듯하다. 그리스도인 학자는 긍정할 수 있는 것을 긍정하고, 도전할 필요가 있는 것을 도전하고, 그 분야에서 다른 이들이 견지하는 것 중에 성경에 반대되는 관념을 다룰 수 있다. 관점적 사실주의를 전제할 때, 나는 변혁주의적 비전을 단지 한 학문분야의 주제와 기독교 신앙의 인지적 내용의 통합으로만 이해하는 것이 아니다. 내가 다음 섹션에서 개관할 것처럼, 학문분야는 훨씬 더 많은 것으로 이뤄져 있고, 그 '훨씬 더 많은 것'은 그리스도인 학자에게 복음과 연결되는 점을 추가적으로 많이 제공한다.

6. 학문분야의 해부

한 학문분야는 네 개의 요소로 구성되어 있다(<그림 1>을 보라). 토대에는 '지도

---

18. Wolterstorff, *Educating for Shalom*, 214-15.

원리'가 있고, 이는 그 분야의 '지도 방법론'에 영향을 주고, 이는 학자들이 '데이터 세트'에 접근하는 방식에 영향을 준다. 이 요소들은 다함께 '지도 내러티브'(그 분야의 개별적 내러티브와 집합적 내러티브) 모양을 갖추는 데 도움을 준다.

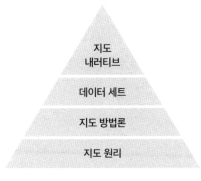

<그림 1> 학문분야의 해부

1) 지도 원리(guiding principles)

지도 원리는 '통제 신념,'[19] '배경 신념,'[20] '핵심 가치,'[21] '신앙적 전제,'[22] 그리고 '실행 가능한 가정'[23] 등으로 다양하게 불린다. 나는 지도 원리를 이렇게 정의한다. 즉 학자가 견지하는 신념으로써 이론 수용에 대한 제어장치와 이론 발견을 위한 표지판으로 작동하는 것이다. 특정한 학문분야에서 실질적인 지도 원리는 한 이론의 논리적 또는 심미적 구조에 관한 신념, 한 이론을 포함할 수 있는 실체들에 관한 신념, 세계가 작동하는 방식에 관한 신념 등을 포함한다. 월터스토프는 이렇게 말한다.

19. Wolterstorff, *Reason within the Bounds of Religion*; Wolterstorff, *Educating for Shalom*.
20. Marsden, *The Outrageous Idea of Christian Scholarship*.
21. Poe, *Christianity in the Academy*.
22. Edlin, "Keeping the Faith."
23. Menuge, "Against Methodological Materialism."

[지도 원리는] 두 가지 방식으로 작동한다. 우리가 그런 원리들을 견지하기 때문에 우리는 어떤 종류의 이론들을 **배격하게** 된다. 일부 이론들은 그런 신념들과 일관되지 않기 때문이고, 다른 이론들은, 비록 우리의 [지도 원리]와 일관된다 하더라도, 그런 신념들과 잘 어울리지 않기 때문이다. 다른 한편, [지도 원리는] 또한 우리가 이론들을 **고안하도록** 이끌어준다. 우리는 우리의 [지도 원리]와 일관성이 있는 이론을 원한다. 또는 좀 더 엄격하게 표현하자면, 우리는 그런 신념들과 함께할 수 있을뿐더러 잘 어울리는 이론을 원한다.[24]

나는 각 학문분야 내에는 그 분야 내에서 잘 수용되고 그 문화를 형성하는 다양한 지도 원리들이 있다고 생각한다.[25] 학자에게 어째서 어떤 신념이 어느 학문분야 내에서 지도 원리로 작동하는지 정당화해보라고 밀어붙이면 종종 답변을 하지 못한다. 물론 학문 공동체가 견지하는 지도 원리들 중 일부는 일관성이 없거나 모순일 가능성이 있다. 학문 공동체에 들어가려는 그리스도인의 경우, 종종 대학원생 시절에 그 분야의 지도 원리를 받아들이는 일이 일어나는데, 그런 신념이 기독교 신앙과 어울리는지의 여부에 대해 거의 성찰하지 않는 상태로 그렇게 된다.

학계에 존재하는 지배적인 지도 원리 중 다수는 어렵지 않게 찾을 수 있다. 예컨대, 대다수의 현대 과학은 검증주의(오직 경험적으로 검증 가능한 문장들만 유용하다는 인식론적 원리), 기능주의와 유물론(자연에서는 실질적인 목적론을 찾을 수 없다는 형이상학적 원리), 그리고 사실-가치 이분법(학문은 '가치중립적'이어야 한다는 것)의 지도를 받는다. 그런 원리들이 과학 내에서 작동하는 예는 상당히 많다. 윌리엄 레인 크레이그는

---

24. Wolterstorff, *Reason within the Bounds of Religion*, 68.
25. Ecklund, *Science vs. Religion*도 보라.

사실상 20세기 물리학 전체가 검증주의라는 결함 있는 인식론에 의해 탈선되었다고 주장했다.[26] 생물학 문헌 내에서는 다윈 진화론의 유물론적 및 기능주의적 가정이 합법적인 과학적 이론화의 필수 요소가 되었다. 여기에다 리처드 도킨스, 샘 해리스, 다니엘 데닛과 같은 신(新)무신론자들의 강경한 주장을 더해보라. 이런 원리들이 현대 과학에서 작동하는 실례는 수없이 많다.[27]

다른 원리들 가운데 인문학에 더 만연된 것들로는 회의론(지식의 영역이 아예 없거나 제한되어 있다는 인식론적 원리), 반(反)실재론(이미 주어진 세계는 없다는 형이상학적 원리), 그리고 윤리적 관용 원칙 등이 있다. 이런 원리들 중 다수는 피시의 주장, 곧 어떤 정치적, 도덕적, 또는 종교적 이슈든지 그것이 학계에서 합법적인 연구 분야가 되기 위해서는 '학문화되어야' 한다는 주장에서 볼 수 있다.

> 정치적으로 폭발적인 이슈들[또는 도덕적 이슈나 종교적 이슈]을 지적 탐구의 주제로 만드는 이 과정에 내가 붙인 이름은 '학문화하는 것(academicizing)'이다. 어떤 주제를 학문화한다는 것은 그것을 현실 세계의 긴급성의 맥락(투표할 여지나 수용할 의제가 있는 곳)에서 떼어내어 학문적 긴급성의 맥락(제공할 설명이나 수행할 분석이 있는 곳)에 끼워 넣는 것이다.[28]

달리 말하면, 도덕과 문학에 **대해**, 또는 다양한 사람들이 이런 이슈들(도덕, 문학 등)에 관해 어떻게 생각하는지에 **대해** 배우는 것은 가능하지만, 우리가 할 수 없는 일, 학계에 속하지 않는 일은 실존적 반응을 요구하는 방식으로 그런 이슈들**로부터** 배우는 것이나 그런 이슈들에 관한 진리를 발견하는 것이다. 사실/

---

26. Craig, "Concluding Thoughts on the Two Tasks of the Christian Scholar."
27. Dawkins, *The God Delusion*; Harris, *The End of Faith*; Dennett, *Breaking the Spell*.
28. Fish, *Save the World on Your Own Time*, 27.

가치의 이분법을 감안할 때, 도덕적, 정치적, 또는 종교적 이슈들에 관한 한, 진리가 존재하지 않기 때문이다. 그런 영역들에는 견해와 신념만 존재할 뿐이다. 따라서 그런 것들에는 진리가 없기 때문에 서로 다른 견해를 **관용하게끔** 되어 있다.[29]

대학교에는 중립성이 없다는 점과 관련된 중요한 교훈이 이 논의로부터 나왔다. 중립성은 하나의 신화다. 월터스가 주장했듯이, "모든 학문분야가 상당한 정도까지 근본 가정들에 의해 형성되고…… 그리고 그런 가정들이 근본적으로 종교적 선택을 포함하고 있다."[30] 그래서 모든 과목은 일단의 지도 원리, 곧 진리의 발견에 필수적인 요소들로 밝혀지고 비판되어야 하는 원리로부터 나온다.[31] 가정에 대한 이런 비판이 있을 때에야 비로소 대학에서 기독교적 차별성이 있을 뿐 아니라 합법적일 수 있는 지식의 토대를 마련하는 일이 가능하다.

2) 지도 방법론(a guiding methodology)

학자가 사용하는 방법론은 그 분야에서 견지하는 지도 원리의 영향을 받는다. 예컨대, 대다수의 현대 과학을 지배하는 유물론은 방법론적 자연주의를 참된 과학에 대한 올바른 접근으로 가정하도록 이끌어왔고, 이에 따라 과학 활동은 **마치** 자연이 존재하는 모든 것인 것**처럼** 여기며 진행되어야 한다. 하나님의 창조적 활동을 자연을 이해하는 과정에 불러들일 수는 있으나, 그 지점에 이르면 과학자는 실험실 가운을 벗고 더 이상 과학 활동을 하지 않는 것이 되고 만다. 방법론적 자연주의의 동인 중 하나는 그런 접근이 종교적 편견이나 형이상

---

29. 회의론, 반실재론, 그리고 윤리적 관용 원칙과 같은 지도 원리들은 인문학에서 가장 두드러진 편이지만, 과학 분야에서도 찾을 수 있다. 예컨대, Hawking and Mlodinow, *The Grand Design*에 설명된 반실재론을 보라.

30. Wolters, "No Longer Queen," 60.

31. Edlin, "Keeping the Faith."

학적 도그마에서 자유로운 채 아무런 문제없이 과학 활동을 진행할 수 있게 할 것이란 신념이다. 하지만 그런 견해는 비현실적이다. 방법론에도 중립성 같은 것은 존재하지 않기 때문이다. 학자들은 학문 과정의 모든 차원에서 종교적 원리와 형이상학적 원리를 사용하는 만큼, 오히려 그런 원리들을 소매에 매고 있는 편이 과학과 지식 전반에 더 유익할 것이다.

3) 데이터 세트(a data set)

한 학문분야의 데이터 세트는 연구되는 구체적인 지식 분야를 아우른다. 생물학에서는 살아있는 세포들이다. 수학에서는 수(數)와 그 관계다. 사회과학에서는 측정 가능한 대용물로 환원되는 인간 행위다. 데이터 세트 자체는 명시적으로 종교적이거나 그렇지 않을 수 있고, 명시적인 종교적 함의를 지니거나 그렇지 않을 수도 있다. 그리스도인 학자가 비그리스도인 동료와 다른 데이터 세트에 이르는 것이 아님을 주목하는 게 중요하다. 하지만 한 분야의 데이터 세트를 생각할 때에도 중립성과 같은 것은 없다. 철학에서 인과관계의 본질을 둘러싼 논쟁을 생각해보라. 분석될 데이터 세트로서 수용되는 인과관계의 **전형적인 사례**(paradigm case) 또는 완전한 본보기는 무엇인가? 적어도 철학자 흄의 시대로부터 그것은 흰 당구공이 다른 당구공들에게 영향을 주는 것이었다. 그래서 인과관계의 분석은 한 물리적 실체가 다른 물리적 실체에 어떻게 영향을 주느냐의 견지에서 이뤄질 것이다. 반면에 근대 이전에는 인과관계의 전형적인 사례가 두 물리적 실체 간의 관계가 아니라 심적인 또는 행위자의 인과관계였다. 오늘날의 인과관계 논의는 전형적으로 분석할 인과관계가 한 종류(사건 인과관계)밖에 없다는 가정 아래 진행된다. 이런 가정은 한 분야의 데이터 세트가 지도 원리와 방법론에 의해 형성된다는 사실에 기인한다.

4) 지도 내러티브(a guiding narrative)

한 분야의 지도 내러티브는 그 분야의 구체적인 역시뿐 아니라 특정한 문화의 의식구조(예. 서양적 의식구조나 동양적 의식구조)의 역사도 포함한다. 이는 다양한 시대에 견지된 다양한 이론들(역사적인 것과 오늘날의 것)과 그런 이론들을 개발하고 분석하고 변호하는 학자들 개개인(역사적인 사람과 오늘날의 사람)을 포함한다. 서양의 의식구조를 예로 들어보자. 서양 철학에는 탈레스, 플라톤, 아리스토텔레스, 아우구스티누스, 안셀무스, 아퀴나스, 흄, 로크, 버클리, 헤겔, 후설, 사르트르, 플랜팅가, 촘스키, 설(Searle)과 같은 유명한 학자들과 이보다 덜 알려진 수많은 인물들이 있다. 또한 플라톤주의, 아리스토텔레스주의, 스콜라주의, 경험주의, 합리주의, 그리고 다른 많은 철학들이 있다. 천문학에는 프톨레마이오스의 지구 중심적 모델과 코페르니쿠스의 태양 중심적 모델이 있다. 물리학에서는 학자들이 아인슈타인의 상대성 이론뿐 아니라 절대적인 뉴턴의 시공간을 위해 논증했다. 수학에서는 피타고라스, 유클리드, 칸토어, 괴델, 카르납, 그리고 타르스키와 같은 사상가들이 논리주의, 형식주의, 직관주의 등을 옹호했다. 각 학문분야는 역사, 곧 음모, 하위플롯, 클라이맥스, 패러다임 전환, 정직한 노력과 부정 이득으로 가득한 내러티브를 갖고 있다. 그 분야의 집합적 내러티브와 더불어 이런 개별적 내러티브는 선교적 조우를 위한 많은 접촉점을 제공해준다.

5) 학문분야 내에서의 선교적 연결점

선교 명령에 따르면, 그리스도인 학자의 과업 중 하나는 학문분야 내에서 복음적 연결점을 찾으려고 애쓰는 일이다. 그 목표는 학문분야를 기독교적 관점에 부합하도록 전환시키는 것이 아니다. 오히려 그리스도인 학자들은 학계에서 원칙에 입각한 다원주의자들(principled pluralists)이 되어야 한다. 즉, 다양한 관점들이 진리의 망토를 위해 관념의 시장에서 경쟁하도록 허용해야, 아니 격려해야 한다. 그런 자세를 취하려면 진리는 궁극적으로 기독교적 실재관 내에서 찾게 된다는 확신이 필요하다. 그리고 이론 정립 및 평가와 관련해 우리의 유한성과 타락을 시인하는 지적인 겸손도 요구된다.

이제까지 나는 학문분야란 다양한 관점에서 평가한 '사실들의 책'으로 이해하는 것이 최선이라고 주장했다. 그리고 학문분야의 해부도를 4층짜리 삼각형(앞의 <그림 1>을 보라)으로 묘사했다. 마지막 섹션에서는 학문분야의 각 수준에서 볼 수 있는 선교적 교차점들을 밝힘으로써 신앙과 학문의 통합에 대한 통전적 설명을 제공하려고 한다. 나는 그리스도인 학자의 연구, 가르침, 그리고 섬김에 나타나는 신실함의 본보기를 강조함으로써 이번 장에 소개한 모델의 타당성과 적용 가능성을 입증하고 싶다.

6) 지도 원리와 그리스도인 학자

학문분야의 토대에서 이뤄지는 선교적 조우에는 부정적 측면과 긍정적 측면이 모두 있다. 포(Poe)에 따르면, "그리스도인 학자의 자기 분야에 대한 첫 번째 책임은 그 분야에 지배적인 [지도 원리]에 대한 비판을 제공하는 것이다."[32] 그리스도인 학자의 주요 과업은 자기 분야에 영향을 주는 지도 원리를 노출시키는 것이다. 물론 그리스도인 학자가 특정 분야의 지도 원리에 대해 긍정할 수 있는 부분이 많을 것이다. 그러나 도전할 필요가 있는 부분도 적지 않을 터이다. 따라서 강의실, 학과, 그리고 연구 작업에 선교적으로 관여할 기회가 분명히 주어질 것이다.

특정 분야에 대한 비판적인 관여는 그리스도 학자가 수행해야 할 중요하고 필요한 과업이다. 이것이 그리스도인 학자의 첫 번째 책임이긴 하지만 유일한

---

32. Poe, *Christianity in the Academy*, 173.

책임은 아니다. 학자는 지식의 축적에 기여할 책임도 있다. 이런 기여는 더 큰 나라와 더 포괄적인 실재의 틀의 맥락에서 이해하는 것이 최선이다. 이와 같은 맥락이 그리스도인의 지도 원리에 영향을 준다. 포가 말했듯이, "믿음은 한 학문분야가 가장 근본적인 질문을 제기하는 지점에서 그 분야와 교차한다. …… 믿음은 한 분야가 그 핵심 가치들을 세우는 곳에서(그 가치들이 무엇에 기반을 두든지 간에) 그 분야와 교차한다."[33] 월터스토프는 이십 년 전에 이와 비슷한 견해를 표명한 바 있다.

> 그리스도인 학자는 그의 진정한 기독교적 신념의 내용이 이론을 고안하고 평가할 때 통제장치로 작동하도록 허용해야 한다. 왜냐하면 그는 다른 모든 사람처럼 그의 믿음과 신념의 체계 안에서 일관성과 온전함과 성실함을 추구해야 하기 때문이다.[34]

플랜팅가도 과학자들에 대해 이런 비슷한 주장을 폈다. "기독교 학문 및 과학 공동체는 과학을 그 자체의 방식으로 추구하되 우리가 그리스도인으로서 알고 있는 것으로부터 시작하고 그것을 당연시하면서 그렇게 해야 한다."[35]

그리스도인 학자가 마땅히 사용해야만 하는 지도 원리는 무엇인가? 마크 놀의 제안이 좋은 출발점이다. 예수 그리스도의 실재는 기독교적 학문 프로젝트의 "근본 이유, 수단, 방법, 패러다임, 그리고 목적"[36]의 토대가 된다. 놀에 따르면, 그리스도에 관한 신조가 기독교적 학문의 토대가 된다. 그리스도야말로 우

---

33. 같은 책, 138.
34. Wolterstorff, *Reason within the Bounds of Religion*, 76.
35. Plantinga, "Methodological Naturalism," 144.
36. Noll, *Jesus Christ and the Life of the Mind*, 148-49.

리가 발견할 수 있는 모든 진리를 포함해 모든 것의 근원이자 목적이시다.

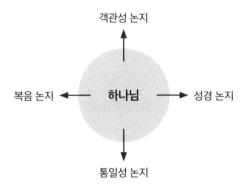

<그림 2> 하나님이 각 지도 원리의 근거를 제공하시다

나는 놀의 논점을 확장하고자 한다. 그래서 삼위일체 하나님의 성품과 행동에 보다 폭넓게 근거를 두고 있는 다음의 네 가지 원리를 그리스도인 학자의 지침으로 제안하는 바이다(<그림 2>를 보라).

- 통일성 논지: 모든 진리는 연결되고 통합된다.
- 객관성 논지: 우리가 발견할 수 있는 독립된 지성의 실재가 있다.
- 성경 논지: 성경은 하나님, 세계, 그리고 자아의 본질에 관한 지식 주장을
  편다.
- 복음 논지: 인류에게 가장 필요한 것은 복음이다.

학계에서는 그리스도인을 비롯한 다수가 지성과 독립된 세계(객관성 논지)와 진리의 통일성(통일성 논지)에 대한 믿음을 갖고 있다. 그러나 이 두 가지 논지에 대한 충분한 근거를 제공하는 것은 하나님의 실재다. 하나님은 그 자신과 구별되

는 모든 실재의 창조주로서 자연의 통일성과 다양성의 근원이 되신다. 더구나 모든 지식은 신성을 가리킨다. 탐구의 영역 가운데 다른 영역으로부터 완전히 고립되어야 하는 곳은 하나도 없다. 과학과 종교, 믿음과 이성은 본질적으로 경쟁하지 않는다. 이제껏 알려진 모든 것은 창조주이신 삼위일체 하나님께 근거를 두고 있다는 통일성이 존재하는 만큼 그리스도인 학자는 플랜팅가의 주장, 곧 자신이 아는 모든 것은 주어진 현상을 이해하는 데 사용되어야 한다는 주장을 정당화할 수 있다.

성경 논지에 관해 말하자면, 하나님은 성경을 통해 그분 자신을 명제적으로 또한 서사적으로 인류에게 계시하셨다. 그래서 성경은 권위 있는 지식의 근원인즉, 그리스도인은 성경이 연구를 지도하고 이론 구성을 제한하도록 허용해야 한다. 하지만 성경이 연구를 지도한다는 것은 기독교적 학문이 언제나 명시적으로 그럴 필요가 있다는 뜻이 아니다. 내가 다른 곳에서 말했듯이, 기독교적 학문 또한 순전히 직업적이거나 암묵적인 의미에서 기독교적일 수 있다. 즉, 기독교적 학문의 지도 원리가 작동하지만, 그것은 사유의 건축술로 기능하는 경우가 더 많다는 뜻이다.[37]

끝으로, 복음 논지 또한 그 정당성을 하나님의 본성과 활동에서 찾는다. 인류의 참된 이야기는 창조로 시작해서 새 창조로 끝난다. 이 타락한 세계에서 인류의 가장 큰 필요는 그리스도를 통한 구속을 찾는 것이다. 사실 모든 피조물이 구속되고 회복되기 위해 "이제까지 함께 탄식하며 함께 고통을 겪고 있다"(롬 8:22). 사랑으로 하나님은 인류와 세계를 구속하고 회복하기 위해 그 아들을 보내셨다. 하나님은 모든 피조물을 구속하고 회복하는 이 선교에 참여하라고 그분을 따르는 사람들을 부르셨다. 복음 논지에 압축되어 있는 이 실재는 그리스

---

37. Gould, "The Two Tasks Introduced."

도인 학자가 취할 자세를 알려준다. 이 논지는 그리스도인 학자로 하여금 학문은 그 자체가 목적이면서(지식의 추구는 또 다른 정당화가 필요 없는 본질적인 선이다) 또한 어떤 목적을 위한 수단임을(학문은 다른 이들의 신체적 및 영적 필요를 채워준다는 점에서 스스로를 정당화한다) 알도록 도와준다. 더 나아가, 복음 논지는 그리스도인 학자가 관여하기로 선택할 만한 연구, 즉 아마도 복음의 진보와 샬롬의 선도라는 견지에서 가장 시급해 보이는 연구 프로그램을 진행하는 데 영향을 미친다.[38]

7) 지도 방법론과 그리스도인 학자

때로는 그리스도인의 방법론과 비그리스도인의 방법론이 다를 수 있다. 예컨대, 그리스도인은 과학이나 학문 전반에 참여할 때 방법론적 자연주의에 종속되어서는 안 된다. 때때로 그리스도인 학자들은 증거가 스스로 말하도록 허용하는 한, 그러한 연구에 참여할 수 있고 또 참여해야만 한다. 그리스도인 학자는 연구를 시작할 때, '오직 자연주의적 설명만' 허용된다고 규정할 이유가 전혀 없다. 방금 앞에서 설명한 네 가지 원리가 지지하는 지도 방법론은 철학자 앙구스 매누지가 **방법론적 실재론**(methodological realism)이라 부른 것이다. 그는 이렇게 진술했다. "[방법론적 자연주의에 대한] 해독제는 실재에 관한 진리에 대해 지적으로 정직한 취약성으로 돌아가는 것이다. 다시 말해, 그것이 우리의 기대에 부응하든 부응하지 않든 [방법론적 실재론으로] 돌아가는 것이다."[39] 말하자면, 세계는 우리가 발견하고 해석할 대상이지만, 독단적으로 그 결과를 예상할 대상은 아니다.

---

38. 예컨대, 월터 브래들리가 아프리카의 오지에서 다리를 설계해서 짓는 일과 파푸아뉴기니에서 코코넛을 이용해 전기를 생산하는 법에 관한 그의 연구에 대해 논의하는 것을 보라. 이 두 프로젝트 모두 다른 이들의 필요를 채우려는 기독교적 관심에 그 동기를 두고 있다. Bradley, "A Christian Professor in the Secular Academy."

39. Menuge, "Against Methodological Materialism," 393.

그리스도인 학자는 성경 논지의 지도를 받으면서 이 세계와 하나님의 상호작용에 대한 자신의 이해와 씨름해야 한다. 하나님은 세계를 창조하신 후 자연세계에 구속적으로 또한 창조적으로 개입하시는가, 아니면 구속적으로만 개입하시는가? 하나님이 창조하신 세계에서 이차적인 원인들의 역할은 무엇인가? 창조, 신적 섭리, 그리고 하나님의 뜻에 의해 창조되고 지탱되는 세계에서 우연의 위치 등에 관한 신학적 교리들은 그리스도인 학자의 방법론에 영향을 줄 것이다. 분명한 점은 그리스도인들 사이에도 의견이 다를 여지가 있다는 것이다. 더 나아가, 어떤 지도 방법론이라도 비판을 모면할 수 없다. 그리스도인 학자들이 그리스도께 신실하게 되려면 신학을 공부해야 하고, 그들의 신학이 그들의 방법론에 영향을 미치도록 허용해야 한다.[40]

8) 데이터와 그리스도인 학자

그리스도인 학자는 기독교적 관점에서 그 분야의 데이터 세트에 접근한다. 이 관점은 그리스도인 학자로 하여금 실재에 대해 독특한 인지적 접근을 가능케 한다. 그리스도인 학자는 다른 이들이 보지 못하는 사물을 보게 될 것이다. 그리스도인 학자는 내가 개관한 네 가지 원리의 지도를 받아서 추가적인 조사의 동기, 비판적인 질문을 던질 토대, 그리고 데이터를 해석할 틀을 발견하게 될 것이다.

하나님이 세계를 창조하시되 인간의 인식 작용이 그것을 이해할 수 있도록 창조하셨다는 확신은 추가적인 발견에 동력을 제공할 것이다. 예컨대, 역사적으로 기독교가 근대 과학의 발흥을 이끌었다는 것은 문헌으로 충분히 입증되었

---

40. 하나님과 자연세계의 상호작용에 관한 다양한 모델과 그에 따른 방법론들에 대한 유익한 논의는 다음 책들을 참고하라. Plantinga, *Where the Conflict Really Lies*; Rau, *Mapping the Origins Debate*.

다.[41] 자연의 통일성, 인간의 합리성, 그리고 우주의 이해 가능성에 대한 믿음 등의 진리들은 데이터 세트**로부터**(from) 추론된 진리들이 아니라 과학의 데이터 세트**로**(to) 가져온 진리들이다. 한 저명한 과학자는 "자연과학에서 수학의 비합리적인 효능"[42]을 거론한다. 세계는 신적 지성에 의해 질서와 목적을 지닌 상태로 창조되었기 때문에 수학의 언어로 묘사될 수 있다는 사실에 대해 그리스도인 학자는 놀라지 않을 것이다. 플랜팅가가 주장했듯이, 기독교와 수학 및 과학의 결론 사이에는 심오한 합치가 있다.[43] 하나님이 창조주이심을 감안하면, 이런 심오한 합치는 모든 학문분야 내에서 기대할 수 있는 것이다. 그리스도인 학자는 그 분야의 데이터를 처리할 때 하나님의 생각을 좇고 있는 것이고, 이는 그에게서 희망과 인내, 그리고 자신이 발견할 진리가 존재한다는 확신을 불러일으킬 수 있다.

그리스도인 학자는 또한 다른 이들과 다른 세트의 질문 및 관심사를 갖고 있을 수 있으며, 결과적으로 그는 데이터 세트에 다르게 접근할 수 있다. 포(Poe)는 이론 구성을 위한 데이터의 함의를 탐구할 때 중요한 질문을 제기할 것을 강조했다.[44] 중요한 질문을 제기할 때는 자신의 신앙적 헌신이 핵심 역할을 한다. 그리스도인 학자들이 신앙적 관점에서 제기할 수 있는 중요한 질문들의 예는 쉽게 들 수 있다. 정치학에서는 '국제관계에서 용서의 역할은 무엇인가?' 영문학에서는 '텍스트에 담긴 객관적 의미는 무엇인가?' 컴퓨터 과학에서는 '컴퓨터의 물리적 성격을 감안할 때, 인공지능의 한계는 무엇인가?' 사회학에서는 '도시 빈곤의 원인은 무엇이고, 신앙적인 NGO가 어떻게 도울 수 있을까?' 등이다.

---

41. 예컨대 Stark, *For the Glory of God*을 보라.

42. Wigner, "The Unreasonable Effectiveness of Mathematics in the Natural Sciences."

43. Plantinga, *Where the Conflict Really Lies*.

44. Poe, *Christianity in the Academy*.

기독교적 관점에서 나온 통찰력 있는 질문들은 데이터 세트의 해석을 증진시켜주고, 학생들과 동료들로 하여금 그들의 사고방식에 담긴 오류를 인식하도록 도울 수 있다.

끝으로, 기독교적 관점은 우리의 데이터 해석에 영향을 미친다. 예컨대, 닐스 보어는 힌두교도가 되었고, 그 관점에서 양자역학의 데이터를 해석했다. 보어에 따르면, 세계는 단지 실재하는 것처럼 보일 뿐이지, 실제로는 세계가 관찰자에 의해 구성된다. 이에 대한 대안으로 그리스도인은 파동-입자 현상은 삼위일체 하나님이 창조하신 세계에서는 그리 놀랄 일이 아니라고 주장할 수 있다.[45] 그래서 양자역학의 발견과 원리는 기독교에 유리한 증거를 제공한다. 만일 그리스도인 학자가 세계에는 우연을 위한 자리가 없다고 믿는다면, 양자역학의 발견은 결정론적으로 또는 반(反)실재론적 견해에 따라 해석될 것이다. 만일 그리스도인 학자가 하나님이 창조한 세계에 우연을 위한 자리가 있다고 믿는다면, 양자역학의 발견은 비결정론적으로 또 실재론적으로 해석될 가능성이 많을 것이다. 학자들이 채택한 지도 원리는 데이터 세트를 해석하는 방식에 영향을 주며, 그리스도인은 이론 구성에 기독교를 반영하는 인식론적 권리를 가진다.

9) 지도 내러티브와 그리스도인 학자

학문분야는 개별적인 학자들과 그들이 그 속에서 의미를 찾는 내러티브들로 구성되어 있다. 따라서 그리스도인 학자들에게 선교적 조우의 또 다른 중요한 측면은 그들이 대학 내에서 동료들, 행정가들, 그리고 학생들에게 증인이 되도록 부름을 받았다는 것이다. 신실한 증인이 된다는 것은 도덕적 성품이 그리스도를 닮는 것과 학문 공동체의 훌륭한 멤버가 되는 것은 물론 적절할 때는 복음

---

45. 이 예는 앞의 책에 나온다.

을 선포하는 것도 포함한다. 선교의 기회들은 늘 있기 마련이고, 그중에서 다수는 자연스럽게 대학 생활의 평범한 활동 속으로 통합될 수 있다. 7장에 나온 켄 엘징가, 갓프리 오줌바, 하광호, 헤더 홀맨 교수들과 4장에 나온 마크 컴페레 교수가 좋은 본보기들이다.

학문분야의 내러티브 측면 역시 그리스도인 학자에게 지도와 공동체를 제공하는 풍부한 근원을 가리켜준다. 각 학문분야에는 틀림없이 역사적으로든 현시대에든 기독교적 사고방식의 흐름뿐 아니라 그리스도인 실무자들이 있고, 이들은 젊은 그리스도인 학자들에게 지도자와 멘토의 역할을 할 수 있다. 오늘날 기독 학문단체들이 많이 존재하고 활발하게 움직이고 있는 만큼, 이 단체들은 경험이 많든 적든 그리스도인 학자들에게 공동체와 지도와 자원을 공급하는 풍부한 원천이 된다. 기독교적 인생관을 공유하고 하나님의 은혜에 의존하는 이 대안 공동체는 오늘날의 세속 대학에 강력하고 매력적인 증인의 역할을 할 수 있다. 그리스도인 학자로서 신실하다는 것은 학문의 산물에 대해서만이 아니라 그 산물을 창조하고 소비하는 이들에 대해서도 관심을 갖는 것을 의미한다.

7. 결론

이번 장에서 옹호한 신앙과 학문의 통합에 대한 접근은 이 주제에 대해 "예수님이 모든 질문에 정답이시다."라고 접근하는 것이 아니다. 오히려 그리스도께 신실하려면 그리스도인 학자는 자기 학문분야의 모든 차원에서 선교적 조우를 추구함으로써 학계에서 선교적 삶을 영위해야만 한다. 이번 장에서는 그런 조우가 무엇을 포함할지에 대해 개관했다. 학문기관 내에서 일어날 바람직한 결과는 학문분야들이 변혁되어 복음이 공정한 발언 기회를 얻고 인생이 변화되는 것이다. 대학의 담장 너머에서 일어날 바람직한 결과는 관념들이 도구로 전환되어 억압받는 자에게 정의를, 가난한 자에게 양식을, 그리고 삶의 모든 영역에 샬롬을 가져오는 것이다. 월터스토퍼가 말했듯이, "어떤 사람이 그리스도를 따르는 것은…… 다가오는 하나님 나라의 증인, 일꾼, 그리고 증거가 되는 과업에 참여하라는 하나님의 부르심을 결정적으로 받아들임으로써 현실화되어야만 하는 것이다."[46] 제발 그렇게 되길 기원한다.

---

46. Wolterstorff, *Reason within the Bounds of Religion*, 74.

토론을 위한 질문

1. 학문적 통합의 여러 모델 중에 당신에게 가장 유익한 모델은 무엇이었는가?

2. 굴드는 그리스도인 학자들이 그들의 학문분야 및 세상의 필요와 관련 있는 연구를 수행하는 것이 현명할 것이라고 말한다. 당신은 어떻게 생각하는가? 당신이 속한 분야에 어떤 실례들이 있는지 얘기해보라.

3. 당신의 학문분야를 특징짓는 것은 순진한 사실주의인가, 사회적 구성주의인가? 학문과 당신의 분야에 대한 이런 견해는 당신이 학술 작업에 접근하는 데 어떤 영향을 미치는가?

4. 당신의 학문분야 내에서 작동하는 지도 원리들은 무엇인가? 지도 방법론은 무엇인가? 당신의 일차적인 데이터 세트는 무엇인가? 당신의 분야 내에 있는 중요한 내러티브들은 무엇인가?

5. 당신의 연구와 가르침, 그리고 당신의 학문분야의 각 측면 사이에 있는 선교적 연결점에 대해 논의해보라.

6. 굴드가 제안하는 네 가지 지도 원리(통일성 논지, 객관성 논지, 성경 논지, 복음 논지)에 대해 토론해보라. 당신이 이 지도 원리들을 채택한다면 학문 활동을 하는 방식에 어떤 변화가 생길 것 같은가? 이 목록에 추가할 만한 원리들이 있다면 제안해보라.

7. 당신의 학문분야에서 당신의 멘토들(역사적인 인물이거나 오늘날의 인물)은 누구인가? 그들은 당신이 그리스도인다운 학자가 되는 데 어떤 도움을 주었는가?

8. 당신을 비롯한 여러 그리스도인들이 하나님의 부르심에 따라 신실하게 살아간다면, 당신의 학문분야는 어떻게 변혁될 것 같은가?

8장

에필로그

1. 온 캠퍼스에서 온 세계로[1]

1962년 9월 12일, 미국 대통령 존 F. 케네디는 라이스대학교에서 우주 개발에 관한 감동적인 연설을 했다. 거기서 그는 유명한 달 위를 걷는 비전을 발표했다.

> 우리는 달에 가기로 결심한다. 우리는 이 10년 동안에 달에 가고 또 다른 것들도 하기로 결심한다. 그런 일들이 쉬워서가 아니라 어렵기 때문이고, 그목표가 우리의 최고의 에너지와 기술을 조직화하고 측정하는 역할을 할 것이기 때문이고, 그 도전이 우리가 기꺼이 받아들이는 것, 우리가 지연시키

---

1. "온 캠퍼스에서 온 세계로"란 어구는 내가 수년 간 캠퍼스 선교단체에 몸담고 있으면서 교수 사역을 하던 동료 간사들과 공유했던 모토다. 이 어구가 강조하는 것 때문에 나는 이를 좋아한다. 이는 온 세계로 뻗어 나가는 데 대학 캠퍼스가 지닌 전략적 중요성을 강조한다. 그래서 에필로그의 제목을 이 어구로 삼는 것이 적당한 듯하다. 이는 또한 수년 동안 내가 수행했던 이 교수 사역에 대한 빚진 심정을 표현하기에도 적합하다.

고 싶지 않은 것, 그리고 우리가 도달하고 싶은 것이기 때문이고, 다른 것들 역시 그렇기 때문이다.[2]

케네디대통령이 이 대담한 발표를 했을 때는 앞에 놓인 문제들에 대한 해결책이 없었다. 새로운 재료들을 발굴해야 했고, 과학자들을 고용해서 훈련해야 했고, 새로운 테크놀로지를 개발해야 했고, 미국 의회에서 기금마련을 승인받아야 했다. 그래도 케네디의 달 위를 걷는 비전은 하나의 촉매제 역할을 했다. 그것은 온 국민에게 영감을 불어넣고 통일된 행동을 촉발시킨 미래에 대한 강력한 비전이었다. 그리고 이 강력한 비전의 결과는 우리가 잘 알고 있다. 미국이 60년대가 끝나기 전에 달에 사람을 보냈다는 사실 말이다. 나는 이 책과 여기에 발표된 선교적 삶에 대한 비전이 그런 촉매제 역할을 하게 되길 바란다. 그것은 오늘날의 대학 내에서 그리스도께 신실한 모습을 그리는 강력한 비전이다.

케네디대통령은 그 연설을 통해 선교적 삶과 선교적 운동을 위한 중요한 훈련 모델을 우리에게 보여주었다. 곧 그는 **미래**로부터 지도했다는 것이다. 오늘 우리는 1960년대의 사건들을 불가피했던 것으로 뒤돌아본다. 그러나 언제나 그랬던 것은 아니다. 케네디는 온 국민을 활기차게 만들 미래에 대한 강력한 비전을 제시했고, 이는 결국 더 나은 미래를 '창조했다.' 미래로부터 지도한다는 것은 당신 자신을 더 나은 미래에 놓은 후 단계를 밟아가되 언젠가 거기에 도달하기 위한 발걸음이 아니라 마치 **현재** 당신이 거기에 있는 듯이, 또는 거의 거기에 있는 듯이 여기며 발걸음을 옮기는 것이다. 흥미롭게도, 이것이 바로 신약성경에 나오는 하나님 나라의 관점이다. 앨런 허쉬는 이렇게 말한다.

---

2. Kennedy, "Address at Rice University."

미래의 (종말론적) 하나님 나라가 이미 우리 가운데 현존한다고 말하는 것은 그 나라가 **현재** 이미 여기에 있되 **그때**에 완성될 것임을 아는 가운데 행동하도록 우리가 부름 받았다는 뜻이다. 그래서 우리는 세계를 위해 하나님의 미래로 끌려들어가게 된다. 그 나라가 지닌 이 '현재'와 '아직'의 긴장이 우리의 현실을 규정짓고, 우리로 하여금 계속 움직이고, 성장하고, 받아들이게 한다.[3]

우리가 하나님의 위대한 이야기 속으로 들어가면 어느 날 모든 것이 다시 바로잡힐 것임을 상기하게 된다. 어느 날 각 나라와 방언과 족속에서 온 사람들이 하나님의 보좌에 둘러앉아 경배하게 될 것이다(계7:9). 어느 날 정의가 완전히 실현될 것이다. 하지만 이 미래의 현실이 현재에도 우리와 함께 있다. 하나님의 나라는 비록 **완전히** 완성되지는 않았지만 **이미** 여기에 있다.

2. 누가 미래의 선교적 교수가 될까?

미래의 선교적 교수는 깊은 영성과 뛰어난 학문성을 겸비한 사람일 것이다. 그들은 겸손하고 배려하는 성품을 지닌 동시에 가르침과 정책결정과 연구의 능력이 뛰어난 남자들과 여자들일 것이다. 그들은 평화를 만들고 변화를 일으키는 등 많은 면에서 독특한 지도자들일 것이다. 그들은 기도에 힘쓰고 그리스도의 메시지를 전할 기회를 결코 포기하지 않을 것이다. 그들은 비록 대학교에 몸담고 있어도 그들의 평안과 성품의 근원이 대학교에서 나오지 않는다는 것이

---

3. Hirsch, *The Forgotten Ways*, 234.

분명해질 것이다. 그들의 인상과 존재를 캠퍼스에 새기게 하는 것은 그들의 영성이다. 그들은 궁극적으로 그들의 승진, 계약, 출판물, 용인 가능성이 하나님으로부터 온다는 것을 안다. 그러므로 그들은 그들의 도전거리를 평안한 마음으로 마주할 수 있는 것이다. 그들은 학생들의 소외, 동료들의 외로움, 직원들의 불안, 그리고 대학에 만연된 공허함을 이해하고 또 그런 문제에 반응을 보일 수 있다. 그들이 이런 문제를 다룰 능력이 있는 것은 그들의 가치관이 주변 세계를 특징짓는 상업주의와 권력투쟁을 초월하는 나라에서 오기 때문이다.

　선교적 교수의 특징은 무엇인가? 가르침과 연구가 탁월하다는 것만이 아니다. 섬김에 대한 헌신만도 아니다. 어쨌든 이런 것들은 물론이거니와 그 이상의 것들도 행하는 무신론자들도 많지 않은가. 그들의 차별성은 학계에서 예수님의 모습을 구현하려는 시도에 있다. 그것은 영적인 것과 물리적인 것 사이에 다리를 놓는 일에 있다. 그것은 신앙과 학문의 통합, 그리고 지성과 사랑과 겸손으로 채색된 독특한 유형의 학문을 보여주는 것에 있다. 비그리스도인 교수들은 탁월함과 지적 돌파구로 인해 박수를 받는다. 그들은 괴짜 같고 차갑고 심술궂을지 모르지만, 그것은 별로 중요하지 않다. 그러나 선교적 교수는 다르다. 그들은 하나님의 형상을 지니고 있기 때문에 괴짜가 될 수 없다. 그들은 탁월함과 돌파구의 과시를 넘어 가치관의 영역에서 그들의 사회와 관계를 맺는다. 그 이유는 그들의 마음속 깊은 곳에 또 다른 나라를 지니고 있기 때문이다. 그들은 지식을 초월하는 평안을 누릴 수 있다. 선교적 교수들은 세계의 시민들이며, 세계 방방곡곡에 퍼져있는 가족과 관계를 맺는다. 그들은 세계적 비전을 갖고 있고, 이 땅에서 하나님의 나라를 확장하라고 명령하신 주인이 계시다는 것을 안다. 오늘날과 같은 다문화적 세계에서는 교수가 예전보다 훨씬 더 창의적이어야 한다. 선교적 교수가 다른 문화에서 온 학생들에게 복음을 전하려면, 그 메시지를 전달하기 위해 다른 세계관에 들어갔다 나와야 할지도 모른다. 그들은 또한 그들이 처한 환경에서 복음을 전하기 위해 다양한 수단을 고안해야 할 것이다. 그렇게 할 때 아가페의 미덕을 보여주기 위해 특별히 애써야 할 것이다.

그런데 뛰어난 학자, 대학을 하나로 묶어주는 힘, 세계적인 인물, 그리고 진정한 인간에 해당하는 그런 교수가 과연 있는가? 세계 전역에서 온 학생들을 편하게 대하고, 사랑으로 그들과 관계를 맺으며, 그들을 하늘 아버지의 피조물로 보는 그런 학자가 있는가? 대학을 위해 열심히 기도하고 학생들과 동료들이 인생의 목적을 발견하도록 멘토의 역할을 하는 그런 학자가 있는가? 난국에 잘 대처하고 윤리적 이슈와 종교적 자유에 대해 대담하게 발언할 수 있는 그런 학자가 있는가? 여러 분야에 걸쳐 영향력이 있고 기독교 세계관을 당당하게 내세울 수 있는 그런 학자가 있는가? 세계의 시민으로서 북미의 대학을 떠나 아시아에서, 또는 아프리카의 대학을 떠나 유럽에서, 또는 유럽의 대학을 떠나 호주에서 섬기면서 전 세계에 걸쳐 기독교적 학문에 기여하려는 그런 학자가 있는가? 그런 학자들은 이 땅의 소금이자 세상의 빛이다. 그런 학자들이 세계 전역에서 증식을 거듭할 때, 선교적 교수란 개념은 더 이상 터무니없는 것이 되지 않을 것이다.

이 책의 기본 텍스트 아래 있는 하위텍스트는 단순하다. 곧 우리는 우리 자신에게서 나와서 그리스도 안으로 들어가야 한다는 것이다. 우리가 선교적 교수란 터무니없는 개념에 대해 생각할 때(1장) 요구된 일은 자기를 부인하고 그리스도를 좇는 것이다. 우리가 기독교의 이야기를 세계에 관한 참된 이야기로 생각할 때(2장) 요구된 일은 생명의 창시자에게 순복하여 생명을 찾는 것이다. 우리가 온전함을 향한 인간의 갈망에 대해 생각할 때(3장)는 그 답변이 그리스도 안에서 '그 길을 가는 동안' 온전함을 찾는 것이다. 우리가 대학교의 중요성에 대해 생각할 때(4장)는 그 책무가 이 전략적인 선교지에서 리더십을 발휘하는 것이다. 우리가 기독교적 지성의 중요성에 대해 생각할 때(5장)는 그 책무가 예수님을 명석하신(그리고 아름다우신) 분으로 보는 것이다. 우리가 그리스도인의 마음에 대해 생각할 때(6장)는 그 책무가 그리스도 안에서 우리의 정체성을 발견할 때 하나님의 해부용 칼이 우상들을 잘라내게 허용하는 것이다. 우리가 캠퍼스 복음전도에 대해 생각할 때(7장)는 그 책무가 다른 이들과 함께 뭉치는 것이다. 우리가 신앙과 학문의 통합에 대해 생각할 때(8장)는 그 책무가 우리가 아는 모든 것을 먼저 그것을 아셨던 하나님과 연결시키는 것이다. 이제 그리스도를 위해 온 캠퍼스(학생, 교수, 행정가, 관념)를 온 세계로 가져가자. 이것이 목표다.

이제 십자가를 짊어지고 예수님을 좇아 그분의 이야기 속으로 들어가라. 그분의 이야기는 당신이 상상할 수 있는 것보다 더 경이롭고, 보람 있고, 모험적이고, 드라마틱하고, 위험하고, 불미스럽고, 희극적이고, 비극적이고, 마법적이고, 고통스럽고, 만족스럽다. 그것은 가장 좋은 이야기고, 우리는 진정한 사명을 가진 진정한 등장인물로서 그 안에 있다. 그리고 그 이야기는 매우 중요하다. 그것은 실화다. 우리는 영원히 출연하는 배우들이다.

당신은 기꺼이 현대의 대학교라는 어려운 선교지에 씨앗을 심겠는가? 앞으로 장래 세대가 수확하게 될 많은 씨앗을 심겠는가? 당신은 당신의 이력서에 중요 항목의 수를 늘리는 대신 복음의 진보라는 견지에서 당신의 인생을 기꺼이 평가하겠는가? 당신의 삶을 내어주라. 그 삶을 아낌없이 소비하라. 주님의 뜻이라면, 우리가 그 길을 가는 동안 그리고 우리가 떠난 뒤에 사람들의 인생이 바뀔 것이고, 잃어버린 자들이 길을 찾을 것이고, 다른 이들이 복을 받을 것이다.

- 당신의 포도주를 마셔라.
- 마음껏 웃으라.
- 매순간 감사하라.
- 인생이 끝나갈 때는 당신 자신을 최대한 비워내라.

- 당신의 삶을 아낌없이 소비하라.
- 만일 시간이 강이라면, 배가 지나간 자국을 남겨라.[4]

이제 그때가 되었다. 이 책을 던져버리고 모험을 시작하라.

---

4. Wilson, *Death by Living*, 117.

Anselm. "Proslogion." Translated by Thomas Williams. *Basic Writings*. Indianapolis: Hackett, 2007.

Ambrose, Stephen. *Band of Brothers*. New York: Touchstone, 2001.

Amis, Kingsley. *Lucky Jim*. New York: Penguin Group, 1992.

Aquinas, Thomas. *Summa Contra Gentiles*. Translated by Vernon Bourke.1956. Notre Dame: University of Notre Dame Press, 1991.

Augustine. *Confessions*. Translated by Henry Chadwick. Oxford: Oxford University Press, 1998.

Bacon, Francis. *The New Organon*. Edited by Lisa Jardine and Michael Silverthorne. New York: Cambridge University Press, 2000.

Baxter, J. Sidlow. *Going Deeper: A Series of Devotional Studies in Knowing, Loving and Serving Our Lord Jesus Christ*. Grand Rapids: Zondervan, 1959.

Berry, Wendell. "The Loss of the University." In *Home Economics*. New York: North Point, 1987.

Bhattacharjee, Yudhijit. "The Mind of a Con Man." *The New York Times* (April 26, 2013). http://www.nytimes.com/2013/04/28/magazine/diederik-stapelsaudacious-academic-fraud.html?pagewanted=all&_r=0.

Blamires, Harry. *The Christian Mind: How Should a Christian Think?* London: SPCK, 1963.

Bradley, Walter. "A Christian Professor in the Secular Academy." In *The Two Tasks of the Christian Scholar: Redeeming the Soul, Redeeming the Mind*, edited by William Lane Craig and Paul Gould, 109–26. Wheaton: Crossway, 2007.

Braskamp, Larry A. "The Religious and Spiritual Journeys of College Students." In *The American University in a Postsecular Age*, edited by Douglas Jacobsen and Rhonda Hustedt Jacobsen, 117–34. Oxford: Oxford University Press, 2008.

Cain, Geoffrey. "Former Prisoner of North Korea Builds University for his Former Captors." https://www.csmonitor.com/World/Making-a-difference/2010/0216/Former-prisoner-of-North-Korea-builds-university-for-hisformer-captors/.

Calvin, John. *Institutes of the Christian Religion*. Translated by Ford Lewis Battles. Philadelphia: The Westminster Press, 1960.

Campbell, Keith. *A review of A Grander Story: An Invitation to Christian Professors*, 2018. https://www.booksataglance.com/book-reviews/a-grander-story-an-invitation-to-christian-professors-by-rick-hove-and-heather-holleman/?fbclid=IwAR0oQiFryFHXb-HDgIQIVFEySEZgrR50u7lZIMl0seJ3Objcs1u2qOx5Gkg.

Carrega-Woodby, Christina, "Prof busted in web 'Teen Tryst.'" http://nypost.com/2011/01/27/prof-busted-in-web-teen-tryst/.

Carson, D. A. *Christ and Culture Revisited*. Grand Rapids: Eerdmans, 2008.

Chalmers, David and David Borget. "What Do Philosophers Believe?" *Philosophical Studies* (2013) 1–36.

Circelli, Deborah. "Embry-Riddle's Project Haiti helps bring clean water to those in need." http://www.news-journalonline.com/article/20130401/NEWS/304019992?p=1&tc=pg.

Claerbaut, David. *Faith and Learning at the Edge*. Grand Rapids: Zondervan, 2004.

Coleman, Robert. *The Master Plan of Evangelism*. Grand Rapids: Revell, 1993.

Costello, Tim. *Streets of Hope: Finding God in St. Kilda*. St. Leonard, Australia: Allen and Unwin, 1998. http://www.gainesville.com/article/20110203/ARTICLES/110209788/-1/entertainment?Title=UF-prof-accused-of-defauding-UF-over-travel-expenses&tc=ar.

Craig, William Lane. "Concluding Thoughts on the Two Tasks of the Christian Scholar." In *The Two Tasks of the Christian Scholar: Redeeming the Soul, Redeeming the Mind*, edited by William Lane Craig and Paul Gould, 177–90. Wheaton: Crossway, 2007.

Davis, Richard Brian. "Christian Philosophy: For Whose Sake?" *The Christ-Shaped Philosophy Project*, series editor Tedla G. Woldyhohannes, (2012) 1–6. http://www.epsociety.org/userfiles/art-Davis-Chistian%20Philosophy.pdf.

Dawkins, Richard. *The God Delusion*. New York: Houghton Mifflin, 2008.

Dennett, Daniel. *Breaking the Spell. Religion as a Natural Phenomenon*. New York: Viking, 2006.

Derrida, Jacques. *Writing and Difference*. Translated by Alan Bass. Chicago: University of Chicago Press, 1978.

Donoghue, Frank. *The Last Professor*. New York: Fordham University Press, 2008.

Douglas, Ann. "Introduction: The Art of Controversy." In *Uncle Tom's Cabin*, by Harriet Beecher Stowe, 7–34. New York: Penguin, 1981.

Dow, Philip. *Virtuous Minds: Intellectual Character Development*. Downers Grove: InterVarsity, 2013.

Ecklund, Elaine Howard. *Science vs. Religion: What Scientists Really Think*. New York: Oxford University Press, 2010.

Edlin, Richard. "Keeping the Faith: The Christian Scholar in the Academy in a Postmodern World." *Christian Higher Education* 8 (2009) 203–24.

Edwards, Jonathan. *Resolutions of a Saintly Scholar*. Wheaton: World Wide, 1992.

Elzinga, Ken. "The Academy and Jesus." *Faith & Economics* 37 (2001) 31–35.

Epictetus, *Discourses*. Internet Classics Archive. http://classics.mit.edu/Epictetus/discourses.html.

Erre, Mike. *Why the Bible Matters: Rediscovering Its Significance in an Age of Suspicion*. Eugene, OR: Harvest House, 2010.

Fish, Stanley. *Save the World on Your Own Time*. Oxford: Oxford University Press, 2008.

Frankl, Victor. *The Doctor and the Soul*. 1955. Reprint, New York: Vintage, 1986.

Ganssle, Greg. "Making the Gospel Connection: An Essay Concerning Applied Apologetics." In *Come Let Us Reason: New Essays in Christian Apologetics*, edited by Paul Copan and William Lane Craig, 3–16. Broadman and Holman, 2012.

_____. "Bringing Jesus into Core Identity." http://blog.epsociety.org/2012/03/bringing-jesus-into-core-identity.html.

Gould, Paul. "The Two Tasks Introduced: The Fully Integrated Life of the Christian Scholar." In _The Two Tasks of the Christian Scholar: Redeeming the Soul, Redeeming the Mind_, edited by William Lane Craig and Paul Gould, 17-54. Wheaton: Crossway, 2007.

Gross, Neil and Solon Simmons. "The Religious Convictions of College and University Professors." In _The American University in a Postsecular Age_, edited by Douglas Jacobsen and Rhonda Hustedt Jacobsen, 19-30. Oxford: Oxford University Press, 2008.

Guinness, Os. _Fit Bodies, Fat Minds: Why Evangelicals Don't Think and What to Do About It_. Grand Rapids: Baker, 1994.

Harris, Robert. _The Integration of Faith and Learning_. Eugene: Cascade, 2004.

Harris, Sam. _The End of Faith: Religion, Terror, and the Future of Reason_. New York: Norton, 2004.

Hart, D. G. "What's So Special about the University, Anyway?" In _Religious Advocacy and American History_, edited by Bruce Kuklick and D. G. Hart, 137-56. Grand Rapids: Eerdmans, 1997.

Hasker, William. "Faith-learning Integration: An Overview." _Christian Scholars Review_ 21.3 (1992) 231-48.

Hawking, Stephen, and Leonard Mlodinow. _The Grand Design_. New York: Bantam, 2010.

Hernández, Javier C. "China's #MeToo: How a 20-Year-Old Rape Case Became a Rallying Cry." https://www.nytimes.com/2018/04/09/world/asia/chinametoo-gao-yan.html/.

Hershey, Roger, and Jason Weimer. _The Finishers: Completing the Mission of Christ in Your Generation_. Orlando: CruPress, 2011.

Hirsch, Alan. _The Forgotten Ways_. Grand Rapids: Brazos, 2006.

Hodgson, Leonard. _The Doctrine of the Trinity_. London: Nisbet and Co., 1955.

Hoekema, David. "The Unacknowledged Ethicists on Campuses." _The Chronicle of Higher Education_ (January 2010). http://chronicle.com/article/The-Unacknowledged-Ethicists/63681/.

Holleman, Heather. "The Inconvenient." http://www.myministryminute.com/the-inconvenient/.

Hove, Rick and Heather Holleman. _A Grander Story: An Invitation to Christian Professors_. Orlando: CruPress, 2017.

Hughes, Richard. _The Vocation of a Christian Scholar_. Grand Rapids: Eerdmans, 2005.

Hugo, Victor. _Les Miserables_. New York: New American Library, 1987.

Hunter, James Davison. _To Change the World_. Oxford: Oxford University Press, 2010.

Johnson, Keith. "Hearing the Music of the Gospel." Critical Concept Series Vol. 1. Orlando: CruPress, 2008.

Keller, Tim. _Counterfeit Gods_. New York: Dutton, 2009.

_____. _Paul's Letter to the Galatians: Living in Line with the Truth of the Gospel_. New York: Redeemer Presbyterian Church, 2003.

_____. _The Reason for God_. New York: Penguin, 2008.

Kennedy, John F. "Address at Rice University 9-12-62." http://explore.rice.edu/explore/Kennedy_Address.asp.

Köstenberger, Andreas. *Excellence*. Wheaton: Crossway, 2011.

Kreeft, Peter. *Back to Virtue*. San Francisco: Ignatius, 1992.

Kuhn, Thomas. *The Structure of Scientific Revolutions*. University of Chicago Press, 1962.

Laudan, Larry. "The Demise of the Demarcation Problem." In *But Is It Science? The Philosophical Questions in the Creation/Evolution Controversy*, edited by Michael Ruse, 337–50. Buffalo: Prometheus, 1988.

Lewis, C. S. *The Abolition of Man*. San Francisco: HarperCollins, 2001.

_____. *Christian Reflections*. Grand Rapids: Eerdmans, 1995.

_____. *God in the Dock: Essays on Theology and Ethics*. Edited by Walter Hooper. Reprint, Grand Rapids: Eerdmans, 1987.

_____. *The Great Divorce*. San Francisco: HarperCollins, 2001.

_____. *Mere Christianity*. San Francisco: HarperOne, 2001.

_____. *The Problem of Pain*. San Francisco: HarperCollins, 1996.

_____. *Surprised by Joy*. Orlando: Harcourt, 1955.

_____. *The Weight of Glory*. San Francisco: HarperCollins, 2001.

Lloyd, G. E. R. *Disciplines in the Making: Cross-cultural Perspectives on Elites, Learning, and Innovation*. New York: Oxford University Press, 2011.

Lopez, Robert J. "Cal State Northridge professor charged with allegedly urinating on colleague's office door." http://latimesblogs.latimes.com/lanow/2011/01/cal-state-northridge-professor-charged-with-allegedlyurinating-on-colleagues-office-door.html.

Ma, Li. *The Chinese Exodus: Migration, Urbanism, and Alienation in Contemporary China*. Eugene, OR: Pickwick Publications, 2018.

Ma, Li, and Jin Li. *Surviving the State, Remaking the Church: A Sociological Portrait of Christians in Mainland China*. Studies in Chinese Christianity. Eugene, OR: Pickwick Publications, 2017.

Machen, J. Gresham. "Christianity and Culture." *Princeton Theological Review* 11 (1913) 1–15.

Malik, Charles. *A Christian Critique of the University*. Waterloo: North Waterloo Academic, 1987.

_____. "The Two Tasks." In *The Two Tasks of the Christian Scholar: Redeeming the Soul, Redeeming the Mind*, edited by William Lane Craig and Paul Gould, 55–66. Wheaton: Crossway, 2007.

Marsden, George. *The Outrageous Idea of Christian Scholarship*. Oxford: Oxford University Press, 1997.

_____. *The Soul of the University: From Protestant Establishment to Established Nonbelief*. New York: Oxford University Press, 1994.

Mattison, William C., III. "Hope." In *Being Good: Christian Virtues for Everyday Life*, edited by Michael W. Austin and Douglas Geivett, 107–25. Grand Rapids: Eerdmans, 2012.

McCarthy, Daryl. "Hearts and Minds Transformed." *IICS Connect* Vol. XIII, No. 1 (Fall 2002) 1–2.

Mellichamp, Joseph. *Ministering in the Secular University*. Carrollton: Lewis and Stanley, 1997.

Menuge, Angus. "Against Methodological Materialism." In *The Waning of Materialism, edited by Robert Koons and George Bealer*, 375–94. New York: Oxford University Press, 2010.

Miller, Corey, and Paul M. Gould. *Is Faith in God Reasonable? Debates in Philosophy, Science, and Rhetoric*. New York: Routledge, 2014.

Moreland, J. P. "Afterword: Reflections on the Journey Ahead." In *Loving God with Your Mind: Essays in Honor of J. P. Moreland*, edited by Paul Gould and Richard Brian Davis, 225-43. Chicago: Moody, 2014.

_____. *Kingdom Triangle: Recover the Christian Mind, Renovate the Soul, Restore the Spirit's Power*. Grand Rapids: Zondervan, 2007.

_____. *Love Your God With All Your Mind: The Role of Reason in the Life of the Soul*. 2nd ed. Colorado Spring: NavPress, 2012.

Moreland, J. P., and Francis Beckwith. "Series Preface." In *Doing Philosophy as a Christian*, by Garry Deweese, 9–27. Downers Grove: InterVarsity, 2011.

Moreland, J. P., and Klaus Issler. *The Lost Virtue of Happiness: Discovering the Disciplines of the Good life*. Colorado Springs: NavPress, 2006.

Moser, Paul K. "Faith." In *Being Good: Christian Virtues for Everyday Life*, edited by Michael W. Austin and Douglas Geivett, 13-29. Grand Rapids: Eerdmans, 2012.

_____. "Introduction: Jesus and Philosophy." In *Jesus and Philosophy: New Essays*, edited by Paul Moser, 1-26. Cambridge: Cambridge University Press, 2009.

Nash, Robert J., and DeMethra LaSha Bradley. "The Different Spiritualities of the Students We Teach." In *The American University in a Postsecular Age*, edited by Douglas Jacobsen and Rhonda Hustedt Jacobsen, 135-50. Oxford: Oxford University Press, 2008.

Niebuhr, Reinhold. *Christ and Culture*. New York: Oxford University Press, 1951.

Newman, John Henry. *The Idea of a University*. New York: Longmans, Green, and Co., 1891.

Nietzsche, Friedrich. *The Will to Power*. Translated by Walter Kaufmann and R. J. Holingdale. Edited by Walter Kaufmann. New York: Random House, 1967.

Noll, Mark. *Jesus Christ and the Life of the Mind*. Grand Rapids: Eerdmans, 2011.

_____. *The Scandal of the Evangelical Mind*. Grand Rapids: Eerdmans, 1994.

Opitz, Donald, and Derek Melleby. *The Outrageous Idea of Academic Faithfulness*. 4th ed. Grand Rapids: Brazos, 2009.

Ozumba, G. O, and Jonathan O Chimakonam. *Njikọka Amaka: Further Discussions on the Philosophy of Integrative Humanism: A Contribution to African and Intercultural Philosophies*. Calabar Nigeria: 3rd Logic Option Publishing, 2014.

Palmer, Parker. *The Courage to Teach*. San Francisco: Jossey-Bass, 1998.

Percy, Walker. *Love in the Ruins*. New York: Picador, 1971.

Piper, John. *Let the Nations Be Glad!* Grand Rapids: Baker, 1993.

_____. *Think: The Life of the Mind and the Love of God.* Wheaton: Crossway, 2010.

Plantinga, Alvin. "Methodological Naturalism." *Perspectives on Science and Christian Faith* 49 (1997) 143–54.

_____. "When Faith and Reason Clash: Evolution and the Bible." *The Christian Scholars Review* 21 (1991) 8–33.

_____. *Where the Conflict Really Lies: Science, Religion, and Naturalism.* New York: Oxford University Press, 2011.

Plantinga, Cornelius. *Not the Way It's Supposed to Be: A Breviary of Sin.* Grand Rapids: Eerdmans, 1995.

Plato. *Laws.* Translated by Benjamin Jowett. Internet Classics Archive. http://classics.mit.edu/Plato/laws.html.

Poe, Harry Lee. *Christianity in the Academy.* Grand Rapids: Baker, 2004.

Poythress, Vern S. *Chance and the Sovereignty of God: A God-Centered Approach to Probability and Random Events.* Wheaton: Crossway, 2014.

_____. *Logic: A God-Centered Approach to the Foundation of Western Thought.* Wheaton: Crossway, 2013.

_____. *Redeeming Mathematics: A God-Centered Approach.* Wheaton: Crossway, 2015.

_____. *Redeeming Philosophy: A God-Centered Approach to the Big Questions.* Wheaton: Crossway, 2014.

_____. *Redeeming Science: A God-Centered Approach.* Wheaton: Crossway, 2006.

_____. *Redeeming Sociology: A God-Centered Approach.* Wheaton: Crossway, 2011.

Rau, Gerald. *Mapping the Origins Debate: Six Models of the Beginning of Everything.* Downers Grove: InterVarsity, 2012.

Ritchie, Chris. "Former college professor gets 10 years for dealing drugs." http://hazard-herald.com/view/full_story/12149578/article-Former-college-professor-gets-10-years-for-dealing-drugs.

Roberts, Vaughan. *God's Big Picture: Tracing the Storyline of the Bible.* Downers Grove, InterVarsity, 2002.

Romanowski, Michael, and Teri McCarthy. *Teaching in a Distant Classroom.* Downers Grove: InterVarsity, 2009.

Reuben, Julie A. *The Making of the Modern University.* Chicago: University of Chicago Press, 1996.

Schaeffer, Francis. *How Should We Then Live?* L'Abri fiftieth anniversary edition, with an introduction by Lane T. Dennis. Wheaton: Crossway, 2005.

Smith, Quentin. "The Metaphilosophy of Naturalism." *Philo* 4.2 (2001) 195–215.

Spiegel, James. *How to Be Good in a World Gone Bad.* Grand Rapids: Kregel, 2004.

Stark, Rodney. *For the Glory of God: How Monotheism Led to the Reformation, Science, Witch-hunts, and the End of Slavery.* Princeton: Princeton University Press, 2003.

Summerville, C. John. *The Decline of the Secular University*. New York: Oxford, 2006.

Taliaferro, Charles. "Love." In *Being Good: Christian Virtues for Everyday Life*, edited by Michael W. Austin and Douglas Geivett, 169–84. Grand Rapids: Eerdmans, 2012.

Tchividjian, Tullian. *Jesus + Nothing = Everything*. Wheaton: Crossway, 2011.

Trueman, Carl. *The Real Scandal of the Evangelical Mind*. Chicago: Moody, 2011.

Wallace, Daniel B. *Greek Grammar Beyond the Basics an Exegetical Syntax of the New Testament*. Grand Rapids, MI: Zondervan, 1996.

Wigner, Eugene. "The Unreasonable Effectiveness of Mathematics in the Natural Sciences." *Communications in Pure and Applied Mathematics* 13.1 (1960) 1–14.

Willard, Dallas. *The Divine Conspiracy: Rediscovering Our Hidden Life in God*. New York: HarperCollins, 1998.

Willis, Dustin, and Aaron Coe. *Life on Mission: Joining the Everyday Mission of God*. Chicago: Moody, 2014.

Wilson, N. D. *Death by Living*. Nashville: Thomas Nelson, 2013.

Wolters, Al. "No Longer Queen: The Theological Disciplines and Their Sisters." In *The Bible in the University, 59-79. Vol. 8. Scripture and Hermeneutics Series*, edited by David Lyle Jeffery and C. Stephan Evans. Grand Rapids: Zondervan, 2007.

Wolterstorff, Nicholas. *Educating for Shalom: Essays on Christian Higher Education*. Grand Rapids: Eerdmans, 2004.

_____. *Reason within the Bounds of Religion*. 2nd ed. Grand Rapids: Eerdmans, 1984.

Wright, Christopher. *The Mission of God's People: A Biblical Theology of the Church's Mission*. Grand Rapids: Zondervan, 2010.

<한국어판>

Ambrose, Stephen. 『밴드 오브 브라더스』. 신기수 외 역. 월간베스트인코리아, 2002.

Amis, Kingsley. 『럭키 짐』. 김선형 역. 열린책들, 2015.

Aquinas, Thomas. 『대이교도대전』. 신창석 역. 분도출판사, 2015.

Augustine. 『성 어거스틴의 고백록』. 선한용 역. 대한기독교서회, 2019.

Blamires, Harry. 『그리스도인은 어떻게 사고해야 하는가』. 황영철 역. 두란노서원, 1986.

Calvin, John. 『기독교 강요』. 김종흡 외 역. 생명의말씀사, 2002.

Coleman, Robert. 『주님의 전도 계획』. 홍성철 역. 생명의말씀사, 2007.

Dawkins, Richard. 『만들어진 신』. 이한음 역. 김영사, 2007.

Harris, Sam. 『종교의 종말』. 김원옥 역. 한언, 2005.

Hirsch, Alan. 『잊혀진 교회의 길』. 오찬규 역. 아르카, 2020.

Hawking, Stephen, and Leonard Mlodinow. 『위대한 설계』. 전대호 역. 까치글방, 2010.

Hugo, Victor. 『레미제라블』. 정기수 역. 민음사, 2012.

Hunter, James Davison.『기독교는 어떻게 세상을 변화시키는가』. 배덕만 역. 새물결플러스, 2014.

Keller, Tim.『팀 켈러의 내가 만든 신』. 윤종석 역. 두란노서원, 2017.

_____.『팀 켈러, 당신을 위한 갈라디아서』. 윤종석 역. 두란노서원, 2018.

_____.『팀 켈러, 하나님을 말하다』. 최종훈 역. 두란노서원, 2017.

Kuhn, Thomas.『과학혁명의 구조』. 김명자·홍성욱 역. 까치글방, 2013.

Lewis, C. S.『인간폐지』. 이종태 역. 홍성사, 2019.

_____.『기독교적 숙고』. 양혜원 역. 홍성사, 2013(2020).

_____.『피고석의 하나님』. 홍종락 역. 홍성사, 2011(2020).

_____.『천국과 지옥의 이혼』. 김선형 역. 홍성사, 2003(2019).

_____.『순전한 기독교』. 장경철·이종태 역. 홍성사, 2001(2018).

_____.『고통의 문제』. 이종태 역. 홍성사, 2002(2018).

_____.『예기치 못한 기쁨』. 강유나 역. 홍성사, 2003(2018).

_____.『영광의 무게』. 홍종락 역. 홍성사, 2008(2019).

Marsden, George.『기독교적 학문연구 @ 현대 학문세계』. 조호연 역. IVP, 2000.

Moreland, J. P.『하나님 나라의 삼각구도』. 홍병룡 역. 복있는사람, 2008.

_____.『그리스도를 위한 지성 활용법』. 정진환·임고은 역. 죠이북스, 2019.

Moreland J. P. and Klaus Issler.『진짜 행복』. 정성묵 역. 생명의말씀사, 2008.

Niebuhr, Reinhold.『그리스도와 문화』. 홍병룡 역. IVP, 2007.

Nietzsche, Friedrich.『권력에의 의지』. 강수남 역. 청하출판사, 1997.

Noll Mark.『그리스도와 지성』. 박규태 역. IVP, 2015.

_____.『복음주의 지성의 스캔들』. 박세혁 역. IVP, 2010.

Opitz, Donald and Derek Melleby.『공부하는 그리스도인』. 이지혜 역. IVP, 2010.

Palmer, Parker.『가르칠 수 있는 용기』. 이종인·이은정 역. 한문화, 2013.

Piper, John.『열방을 향해 가라』. 김대영 역. 좋은씨앗, 2003(2018).

_____.『존 파이퍼의 생각하라』. 전의우 역. IVP, 2011.

Plantinga, Cornelius.『우리의 죄 하나님의 샬롬』. 오현미 역. 복있는사람, 2017.

Roberts, Vaughan.『성경의 큰 그림』. 전의우 역. 성서유니온, 2020.

Schaeffer, Francis.『그러면 우리는 어떻게 살 것인가?』. 김기찬 역. 생명의 말씀사, 1999(2018).

Tchividjian, Tullian.『Jesus all 예수로 충분합니다』. 정성묵 역. 두란노서원, 2013.

Willard, Dallas.『하나님의 모략』. 윤종석 역. 복있는사람, 2007.

Wolterstorff, Nicholas.『샬롬을 위한 교육』. 신영순 외 역. SFC, 2014.

_____.『종교의 한계 안에서의 이성』. 김지호 역. 도서출판 100, 2023.

Wright, Christopher.『하나님 백성의 선교』. 한화룡 역. IVP, 2012.

저자들

폴 굴드(Paul M. Gould)

퍼듀대학교에서 박사학위를 받았고, 오클라호마 침례교 대학교에서 철학과 신학(변증학)을 가르치는 한편, Two Tasks Institute의 창립자이자 회장이기도 하다. 『문화적 신학변증(*Cultural Apologetics*)』(Zondervan, 2019)을 비롯해 열권의 책을 쓰거나 편집하였다.

키스 캠벨(D. Keith Campbell)

남동침례신학교에서 박사학위를 받았고, Global Scholars에서 글로벌 파트너십 부회장을 맡고 있다. 또한 *Christian Scholars Formation Series*(World Evangelical Alliance)의 선임편집자이며, "미국 복음주의 학회와 세계: 보다 글로벌한 실천에 대한 도전(The American Evangelical Academy and the World: A Challenge to Practice more Globally)," (*JETS* 57 [2014])의 저자이기도 하다.

리 마(Li Ma)

코넬대학교에서 박사학위를 받았고, 캘빈칼리지의 기독교와 정치에 관한 헨리 연구소에서 수석 연구원으로 일하고 있다. 『국가를 견디며 교회를 재창조하기(*Surviving the State, Remaking the Church*)』(Pickwick, 2017), 『중국 출애굽기(*The Chinese Exodus*)』(Pickwick, 2018), 『중국의 공공영역에서의 가정교회(*House Churches in China's Public Sphere*)』(Routledge, 2019), 『중국의 하나님의 딸들(*Daughters of God in China*)』(Palgrave MacMillan, 2019) 등의 책을 썼다.

오마르 몬테로(Omar Montero)

부에노스아이레스대학교의 박사 후보이다. 부에노스아이레스 대학교 건축 및 디자인 학부와 대학원에서 교수이자 연구원으로 일하고 있다.

그랜빌 필라(Granville W. Pillar)

뉴캐슬대학교에서 박사학위를 받았고, 우크라이나의 Ferenc Rákóczi II Transcarpathian Hungarian Institute에서 철학 교수로 재직하고 있다. *English Language and Literatures in English*(L'Harmattan Budapest, 2018)의 공동 편집자이기도 하다.

오삼 에딤 템플(Osam Edim Temple)

이바단대학교에서 박사학위를 받았고, 전 아메리카나이지리아대학교 철학 교수이자 Niger Delta Affairs 명예 장관의 특별 보좌관이었다. 현재 Society of Christian Scholars의 이사장이며, "아프리카의 윤리적 리더십에 대한 형이상학적 도전(Metaphysical Challenges of Ethical Leadership in Africa)," (*Leadership* 8:1 [2012])의 저자이다.

비-랜 왕(Bee-Lan C. Wang)

시카고대학교에서 박사학위를 받았고, 말레이시아과학대학교, 북일리노이대학교, 휘튼칼리지(일리노이)에서 교수로 재직했다. 『당신은 워킹맘이 되어야 할까?(*Should You Be The Working Mom?*)』(David C. Cook, 1987), 『국제 교육 백과사전: 증보판 2권에서의 "인종할당제"("*Affirmative Action," in The International Encyclopedia of Education: Supplementary Volume Two*)』(Oxford: Pergamon, 1990) 등을 비롯해 여러 논문의 저자이다.